湛庐CHEERS

与最聪明的人共同进化

HERE COMES EVERYBODY

整合决策

CREATING GREAT CHOICES

[加] 詹妮弗·里尔（Jennifer Riel）
罗杰·L. 马丁（Roger L. Martin） 著

王培 译

测一测，你拥有整合决策的能力吗？
扫码下载“湛庐阅读”App，
搜索“整合决策”，进行测试。

目录

CREATING GREAT CHOICES

引言

从整合思维到整合决策

我们内心有一种看不见的力量，当我们面对着两个对立的选择时，这种内心的力量会变得更强大。

鲁米（Rumi）
诗人

A LEADER'S GUIDE TO INTEGRATIVE THINKING

我在《整合思维》(*The Opposable Mind*)这本书中指出大拇指是一种非常有用的工具。人类和大多数灵长类动物都拥有与其他手指相对的大拇指，用大拇指与其他手指形成的对抗性的力量来抓住和操控物体。类似地，对立性思考就是在不同观点之间形成张力，并用这种张力为难题提供新的答案。我称之为“整合思维”，掌握了这种方法，你就能脱颖而出。

《整合思维》中讲述了很多卓越领导者的故事，比如：四季酒店的创始人伊萨多·夏普(Isadore Sharp)，红帽软件公司前首席执行官鲍勃·扬(Bob Young)，世界健康研究所的创始人维多利亚·黑尔(Victoria Hale)。尽管这些领导者有着不同的经历或背景，但他们都有一个重要的共同点：用整合思维来解决最棘手的问题。这些最困难的问题往往让人面临两难境地：现有答案不能真正解决问题，但得在这些不尽如人意的答案之间取舍。然而，这些领导者没有在次优选项中选择，而是利用了对立的观点来形成整合性方案。这种思维方式带来的结果是：他们形成了新的选择，从而创造性地解决了两难问题，并为商业领域创造了新的价值。

这些领导者都“具有同时持有两种完全相反观念的倾向和能力。他们没有选择恐惧，也不会草率地做出非此即彼的选择，而是会提出一种综合方案，这种方案比两难抉择中的任何一个选项都更好”。[1]《整合思维》探讨了这种思考和整合的方法，并认为正是使用了这种方法，卓越领导者才成功应对了他们所遇到的最艰巨的挑战。这种思维方式包含 4 个要素。

- 首先，这些领导者拓展了决策的要点，在思考问题的时候考虑了更多因素。
- 其次，他们会探究复杂的因果关系，并意识到在显见的变量之间存在着复杂的关系。
- 再次，他们会重构遇到的问题，从整体角度进行考量，并重视企业的纪律和使命，而不只是拘泥于问题的细枝末节。
- 最后，他们在权衡了不同观点之后，会主动提出创造性的解决方案，而不只是接受权衡之后的妥协性方案。在做出决策之前，他们会努力汲取新的看法，然后在不同观点之间提出新的解决方案。

阐述整合思维理论是一回事，而传授这一理论则是另一回事。因此，我邀请詹妮弗·里尔加入研究团队，将理论转化为实践。《整合思维》主要针对的是公司高管，而我希望把它的适用对象扩展到各类机构中的个人。在过去 10 年间，在一些优秀同事的帮助下，我们研究了不同行业的企业高管、本科生、工商管理硕士（MBA）、高级管理人员工商管理硕士（EMBA）、非营利组织和政府机构的领导者、教师，甚至是小学生。在每一类群体身上，我们都产生了关于整合思维理论及其实践的诸多新的认识。

整合思维没有解决的问题

我们发现，《整合思维》一书中的故事对读者很有启发性，却不具有操作性。整合思维理论的应用范围比我们当初预计的更大，也适用于不同类型的领导者。整合思维不是一种天生的能力，而是一种可以随着时间推移逐渐培养起来的实践能力。

当开始把《整合思维》改编为教学计划和课程时，我们发现理论和实践之间出现了很大的鸿沟。就连那些能轻松复述书中的故事，并能在认知层面理解这种工具的学生，将整合思维应用到自己的挑战和生活中时，也常常遇到困难。这在一定程度上是因为我们的研究对象是那些成功的领导者。事实证明，学生很难理解如何将时任宝洁公司首席执行官 A. G. 雷富礼（A. G. Lafley）的做法应用到他们自己所处的情境之中。学生没有为宝洁公司工作过，他们也不是首席执行官。结果，当故事既生动又真实可信时，从理论到实践的转化却尤为困难。人们很容易沉迷于故事情节、人物形象和人物采用的具体做法，而忽略更广泛的经验教训。

在教学中，我们尽量更好地平衡故事讲述和实际操作这两者。在本书中，尽量也这样做。我们在本书中也讲述故事，因为故事很有趣，也很有帮助，但你会发现，本书比《整合思维》更强调方法论。我们希望这是一本实用之书，而不是一本理论之书。建议你边读边思考自己遇到的挑战，可以按照每一章“整合决策练习”中的指引去做，即学即用。在某几章的末尾有一些模板，它们有助于总结概括该章的内容。

在《整合思维》中，我认为面对利弊权衡时，整合思维是一种有效的工具。两难选择是每一个管理者都会碰到的问题，权衡利弊几乎是每一个决策的要素。当利弊很难权衡时，运用整合思维就是最佳选择。我当时比较关注两个选项都不够理想的那类决策。实际上，整合思维在这类决策中挥发了重要作用。然而令人惊讶的是，整合思维已经被充分证明是一种更有效的工具，可以对很多问题、挑战和机会提出更好的解决方案，甚至适用于那些不太令人痛苦、不需要做出权衡的问题。在这些案例中，跳出两难选择，重新界定问题，通常能转变看待问题的视角，改变讨论问题的方式，从而有可能提出新的解决方案。

《整合思维》一书提供了很多首席执行官和创业者克服两难选择做出成功决策的案例。从讲故事的角度而言，把关注点放在变革型领导者身上的做法很有效，它可以让故事更清晰、更好记、更有影响力，但也会让人产生误解。那些卓越的领导者能很快意识到他们做的决定都是与团队共同完成的，而不是独自在办公室拍板决定的。整合决策显然既是一种个人技能，也是一项团队工作。根据我们的经验，大多数情况下，在一个多样化的团队中运用整合思维，相比在个人层面，能产生更好的结果。

来分析一下这个观点：整合思维是一种天生的能力。诚然，《整合思维》中提到的人物没有参加过整合思维的相关课程，或者读过整合思维的相关书籍。整合思维是一种解决问题的方法。随着时间的推移，人们在工作和实践中遇到的每一个问题都能以独特的方式完善整合思维理论。领导者在没有经过正式训练的情况下应用了整合思维，这并不一定意味着，这种能力是天生的。为了搞清楚这种能力是否可以学会，我们需要将整合思维理论转化为一种方法论，并形成一系列的操作工具。如今，整合思维已不再是对成功领导者如何思考的一种描述了，而是变成了人人都能学习和使用的工具。

如何使用整合思维这一工具，是本书的主旨。我们相信，这一解决问题的方法能让所有领导者利用对立性思考的张力创造变革性的新价值。不过在正式介绍之前，先分享行为决策理论和设计思维理论。它们来自其他学者，与我们的理论有所不同，但有所补益，甚至对于整合思维理论发挥着越来越大的影响。

行为决策理论

1974 年，丹尼尔·卡尼曼（Daniel Kahneman）和阿莫斯·特沃斯基（Amos Tversky）发表了开创性论文《不确定状况下的判断：启发式和偏差》（*Judgment under Uncertainty: Heuristics and Biases*）。5年后，他们又发表了论文《前景理论：风险条件下的决策分析》（*Prospect Theory: An Analysis of Decision Under Risk*）。[2] 这些论文挑战了当时在商学院流行的决策理论。当时主流的决策理论认为，人是基于经济理性和无偏见逻辑决策的。而卡尼曼和特沃斯基的研究表明，人们有一些预测偏见，这些偏见影响着决策过程，往往对人们不利。卡尼曼因这一研究成果获得了诺贝尔经济学奖（特沃斯基在授奖之前去世，遗憾错过了该奖）。这激发起对该领域的大量新的研究。行为决策理论通常也被称为行为经济学。

行为决策理论的研究发展迅速，在过去10年间，有3本重要著述介绍了这一理论：理查德·塞勒（Richard Thaler）和卡斯·桑斯坦（Cass Sunstein）的《助推》（*Nudge*）、丹·艾瑞里（Dan Ariely）的《怪诞行为学》（*Predictably Irrational*）和丹尼尔·卡尼曼的《思考，快与慢》（*Thinking, Fast and Slow*）。[3] 这些著述推动了行为决策理论的发展，使行为决策理论与整合思维理论之间建立起了更深的联系。

行为决策理论表明：人在做决策时，不仅依赖于理性的、无偏见的逻辑，还倾向于使用可以直接得到的数据；人们执着地相信自己最初的观点，并用大量的证据加以证明；人们更厌恶损失，而不是更偏好追求收益；诸如此类。人们的偏见对决策有明显的影响。我们看到，组织的传统决策方式几乎不太可能克服这些偏见，事实上甚至会强化偏见。来看一看那些常见的决策方式：把“相关”的数据带进会议室，为决策提供材料，然后执着于自己的观点；寻找证据来证明自己的决策是正确的，并无视任何相反的证据；让领导者早早地就公开宣布最终的答案，以防他们反悔；要求得到整个团队的认同和支持，而这很容易造成群体思维。

相反，当我们观察运用整合思维的小学生时，看到了一种非常不同的结果。在练习了整合思维之后，小学生似乎比以前更少出现认知偏见。这很有可能是因为，小学生发现了很多常见的认知偏见，但运用整合思维予以克服了。因此，我们开始将行为决策理论直接应用于整合思维过程。现在，当传授整合思维理论时，我们从介绍偏见和直觉开始，并采用卡尼曼、艾瑞里和其他行为决策科学家的案例，以解释为什么很多解决问题的传统方法是失败的。第 2 章中有对行为决策理论的相关介绍。

设计思维

当行为决策理论在商学院大行其道时，另一种重要的决策思维浪潮也正在商业领域形成影响力，那就是设计思维。像通用电气、富达投资、IBM 这样的大型企业将设计思维视为形成创新能力的核心技能。这个概念的源头要追溯到几十年前，但定义是在 1969 年形成的。那时赫伯特·西蒙（Herbert Simon）写了《人工科学》（*The Sciences of the Artificial*）一书。[4] 西蒙将“设计”

定义为创造一个特殊的人造物的过程，并将这一概念抽象成了一种一般性的思维方式。

这一观点吸引了很多追随者，包括我与设计和创新公司IDEO的首席执行官蒂姆·布朗（Tim Brown）。我们研究了与设计有关的可辨识的基本思维技能，将之称为“设计思维”。针对这一主题，我们分别出版了《商业设计》（*The Design of Business*）和《IDEO，设计改变一切》（*Change by Design*）①。[5]我们认为，设计思维代表了一系列工具和技术，能够应用于任何领域，而不仅是设计领域。

设计思维是人们创造新事物的一种方式，也是揭开世界之谜的一种方法。人们运用设计思维，能创造出新的方式来满足用户需求，为组织创造新的价值。因此，它与创造新方案的整合思维有关。整合思维的定义包含了创造性行为，它是“一种积极面对对立性观点之间的冲突的能力，以及不在两种观点中做出选择，而是构建一种新的创造性解决方案的能力，该方案包含了两种对立性观点的元素，但其效果超越了其中任何一种观点”。

在整合思维理论发展的早期阶段，我们不知道人们如何有效地产生新观点。最初，整合思维模型的目标是提出一个比不可

① 《IDEO，设计改变一切》中文简体字版已由湛庐文化策划、万卷出版公司出版。——编者注

接受的权衡性方案更好的答案。只要想出了这一答案，难题差不多就解决了。这个理论很简单。后来，受到设计思维的影响，我们意识到在形成最终决策之前，还可以探索诸多其他可能性，这种做法是很有价值的。我们开始将创造性的解决方案视为方案原型，在被正式采纳之前，它需要被检验和迭代。如今，当传授整合思维理论时，我们会教学生如何创新，如何设计初始方案，如何在提出创新解决方案的过程中测试各种可能性。第 7 章中有更多关于创造性行为的内容。第 8 章则介绍了关于设计初始方案和测试可能性的内容。

利用整合思维做出整合决策

多年来，整合思维让我们受益匪浅。本书将分享这些主要从学生的应用中提取的精华内容。在过去 10 年中，我们的研究机构位于多伦多大学罗特曼商学院（Rotman School of Management at the University of Toronto），因此本书中提到的一些案例与加拿大有关。我们希望能把加拿大的例子应用于全世界，你可能在其他地方也发现了类似的故事。我们已经在南非的开普敦、丹麦的比伦德、美国宾夕法尼亚州的福吉谷及其他地方，看到了这类例子。整合思维已经应用于社会团体、金融机构、消费行业和公共部门。本书的每个例子都可以阐述某个普遍的观点。我们希望它的应用范围能变得很广泛，能够超越具体的情境。

接下来，我们将为这种解决问题的新方法提供案例。我们会阐述一些核心原则，一步步地解释，呈现运用过程，从而帮助你解决最困难的问题。无论你是读过《整合思维》，还是初次接触这一概念，本书都意在提供运用整合思维的工具，让你在工作中做出更好的选择。

CREATING GREAT CHOICES

A LEADER'S GUIDE TO INTEGRATIVE THINKING

第一部分

整合思维 2.0

CREATING GREAT CHOICES

01
商业决策不是一道选择题

A LEADER'S GUIDE TO INTEGRATIVE THINKING

在《乐高大电影》（*The LEGO Movie*）中，有个笑话总是会让约恩·维格·克努德斯托普（Jørgen Vig Knudstorp）忍俊不禁。电影的主角是一个名叫艾米特的普通乐高小人，他非常喜欢蝙蝠侠的战衣。于是他问蝙蝠侠："你能造一件橘色的战衣吗？"蝙蝠侠咆哮道："我只穿黑色的。有时候，会穿非常非常深的灰色。"[1]

由于蝙蝠侠喜欢黑色是出了名的，所以这一对话对于漫画书迷来说就显得很搞笑了。但对克努德斯托普这个身材瘦高、留着胡须、戴着眼镜的乐高集团首席执行官来说，好笑的理由则完全不同。"在我初任首席执行官时，还很年轻，之前在麦肯锡做咨询顾问，就是那种'商务先生'（Mr. Business）。"克努德斯托普说。[2] 他是第一位经营这家拥有 80 年历史的丹麦玩具公司的"空降兵"，第一位非乐高集团家族的人。他要完成的艰巨任务是扭转这家颇受大众喜爱的公司的亏损困境。他裁掉了一些员工，重整了公司的产品线。克努德斯托普回忆道："我们当时有 1.3 万种不同颜色和形状的产品，由于产品种类太多，我们没有库存，需要经常补货。"

其中一个被砍掉的产品颜色就是深灰色。这是一种非常深的灰色，考虑到公司会继续销售黑色和浅灰色产品，深灰色产品就显得多余了。但该产品的粉丝，也就是乐高产品的早期用户，他们在互联网上建立了一个名为“LUGNET”的交流群，对砍掉深灰色产品非常气愤。原来，有些专业级玩家在搭建城堡、雕塑和高楼时需要使用深灰色产品表示阴影。克努德斯托普在互联网上花了很多时间解释自己的决定，并在此过程中逐渐理解了乐高最热情的粉丝的想法。“那是我第一次与粉丝交流，与他们进行对话，我不可能说服他们。”他笑着说。

至少从某种程度上，克努德斯托普在早期论证是否砍掉深灰色产品时，蝙蝠侠的话给了他一个提醒。在他看来，蝙蝠侠的话表明，电影制作者非常了解乐高品牌的精髓：用玩具构建的乐趣。专业级玩家体现了这种乐趣。这件事对作为乐高品牌核心守护者的克努德斯托普而言具有重要意义。

乐高集团的核心业务是生产和出售各种小型的可堆叠塑料块。从 1999 年开始，它成为一家高利润的特许经营企业。刚开始，特许经营意味着乐高能得到类似深受大众喜爱的“星球大战”系列电影和“哈利·波特”系列电影的授权，生产基于其角色的构造工具包和小人偶。此外，公司很快与合作伙伴一起将业务延伸到了原创娱乐、电影、电视剧和视频游戏领域。大约在 2005 年，有些短片大获成功，比如《星球大战：砖块玩具的复仇》（*LEGO Star Wars:Revenge of the Brick*）。最终，制作具有乐高原创特色的电影方案在公司品牌和创新委员会上通过了。克努德斯托普回忆说："我以为我们都会认为：'这是一个有些疯狂的计划，为什么要这么做呢？'"然而，公司授权管理团队探索这一方案，并与好莱坞制片厂签署了特许权协议。

但有些委员会成员仍持保留意见。因为公司在品牌化娱乐领域取得了巨大的成功，也与全球很多最有实力的娱乐品牌开展了合作，但尝试独立制作的原创长电影却令人失望。《乐高玩具的冒险之旅》（*The Adventures of Clutch Powers*），是 2010 年制作的独立 DVD 电影（direct-to-DVD film）。克努德斯托普解释说："这是基于乐高品牌的真实故事。电影如实呈现了乐高品牌，电影中的正面人物名叫凯尔，人物原型是乐高集团董事长谢尔·基尔克·克里斯蒂安森（Kjeld Kirk Kristiansen）。但电影的确很乏味，虽然它很真实，却没有什么亮点。"

优化与整合

根据这次的经验，克努德斯托普意识到，乐高集团不适合讲述自己的故事。他用编剧改编一本小说来打比方：虽然编剧改编得很好，但并不意味着能完美呈现在荧幕上。"如果你想让某人写一个出色的电影剧本，然后要求电影必须忠实于原著，那么编剧的第一件事就应该把原著给扔掉。假如原著小说中的一个角色是叔叔，他的戏份占据了全书 300 页的篇幅，但当你制作电影时，整个时长只有一个半小时，根本没有多余的镜头留给叔叔，因此他不会出现在电影中。”原著的精髓仍然保留了下来，但根据新的情况做了调整。克努德斯托普还谈道：“很多时候，你不可能让原著作者来改编电影或视频游戏。”原作者太了解原著，太执着于自己的表达和想法，所以不大可能根据新的情况合理地改编。

这种情况同样适用于乐高品牌。克努德斯托普说：“由乐高集团来呈现这部电影，效果不会很好，因为我们都太教条了，我们对乐高的情况太熟悉了，不擅长写电影剧本，这不是我们的优势。”

两种极端模式

那么，如何基于乐高品牌制作一部出色的电影呢？有很多种可能的合作模式，但当前我们只探讨两种极端情况。一方面，乐高集团需要掌控整个创意架构，雇用的电影编剧和导演要基于整体架构来具体执行电影制作。尽管这种方法能确保乐高品牌受到保护，但也意味着顶级电影人才不太愿意参与这个项目。没有创作的自由度，对最优秀的电影编剧和导演来说，这部电影就没有很大的吸引力，因为他们不仅要与制作人和工作室进行沟通，还必须满足乐高公司的各种要求。实际上，正是这种策略导致乐高集团拍出了像《乐高玩具的冒险之旅》这样的平庸之作。

另一方面，乐高集团可以将所有掌控权交给电影制作人，让好莱坞团队对人物和故事有充分的把控，包括如何体现乐高品牌。这种方法能够吸引极具才华的专业人士，并制作出一部成功的电影。但电影制作人讲述乐高品牌的方式不当，可能会让乐高品牌面临一定的风险，甚至造成长期的负面影响。

克努德斯托普和董事会对这两种模式都不放心。在对方案进行评估时，他们逐渐意识到，他们需要一个新的方案。他们真正需要的是一部既有创意又能提升乐高品牌形象的电影。一部优秀电影的关键在于优秀的专业团队，因此将创意权让给他们是很有必要的。那么，克努德斯托普和高管团队如何确保外部创意团队对乐高品牌充满热爱，而非不敬呢？这的确是一个需要平衡的棘手的问题。

棘手的平衡问题

克努德斯托普需要将外部团队转变为局内人，但不能牺牲电影的质量。他解释了自己是如何做的："我们实际上让华纳兄弟公司的制作人和电影编剧完全自由地创作剧本。我们可以审阅和评论每一版剧本，但没有权力否定剧本。"乐高集团的领导者们必须相信，制作一部能体现乐高品牌精髓的电影符合华纳团队自身的利益。如果华纳兄弟公司失败了，乐高粉丝最终也会对电影感到失望。所以，克努德斯托普决定让电影制作人更好地理解乐高品牌，让他们像乐高粉丝一样对乐高品牌充满热爱。

为了做到这一点，克努德斯托普坚持让创意团队中的菲尔·罗德（Phil Lord）和克里斯托弗·米勒（Christopher Miller）接触乐高的超级粉丝，包括孩子们和成人，后者让克努德斯托普在试图砍掉深灰色产品时吃尽了苦头。克努德斯托普回忆道：

> 我对电影制作创意团队说："你们要找到这些粉丝，和他们交谈，与我沟通，阅读不同年龄段的孩子给我们写的数千封信件。你们需要去乐高客户服务中心，坐在员工旁边，感受他们的工作。你们还要去乐高商店，与店员交谈，了解粉丝对乐高产品的看法。"他们愿意这么做，并与我们的团队深入沟通。后来，他们的确对乐高品牌的影响力及其价值深感惊讶。

通过让罗德和米勒与乐高客户接触，克努德斯托普不仅帮助他们了解了乐高品牌，还让他们爱上了乐高。

更意想不到的是，创意团队将从客户那里听来的故事编成了电影的故事情节，不止有蝙蝠侠的玩笑。克努德斯托普解释，电影制作人发现，"对粉丝群体而言，乐高玩具很重要的一个特点是不需要使用胶水。这是乐高真正的粉丝绝对在意的东西"。一个真正的乐高粉丝绝不会使用胶水，因为乐高产品的精髓就在于能够自由和重新搭建玩具，想象和构建新的造型。罗德和米勒抓住了这一主线，让胶水成了电影的核心要素。

《乐高大电影》大获成功，在全球收获了4.5亿美元的票房。在以电影角色为主题的商品的推动下，包括艾米特和蝙蝠侠等玩具在内的乐高产品的销售额获得了两位数增长。到了2014年年末，乐高集团成为全球最赚钱的玩具公司。

新的方案

《乐高大电影》的成功路径涉及一种完全不同的解决问题的过程：专注于利用整合思维和机会，而不是专注于寻求正确答案和在既有选项中做出选择。克努德斯托普在2014年告诉美国有线电视新闻网（CNN）："你作为首席执行官，必须随时要有一种简单的信念。你要知道，总是存在着更好的选择……但不是将所有可能用单一假设代替，而是提出更多的假设，后者是一种更明智的做法。你可以权衡各种假设，并从中发现机会。"[3] 通过像克努德斯托普那样洞察，你就能通过使用竞争性的假设提出更好的方案。

这是整合思维的核心，我在《整合思维》一书中首次对此进行了探讨。我将整合思维描述为一种思维方式。这种思维方式能使人们针对最困难的问题提出创新解决方案，这一过程利用了对立性观点之间的张力，帮助领导者形成变革性的新方案。

克努德斯托普利用了对立性选项之间的张力，提出了一种远比最初选项更有效的方案。最初的对立性选项之间的冲突有两个方面：一方面，坚持掌控创意，以保护乐高品牌，但这种做法不太可能吸引优秀的艺术家参与；另一方面，全部让出电影制作权，确保能吸引优秀电影人才，以使电影既有创意又能获得成功，然而，这么做可能有损公司声誉。

很多领导者会将解决这一冲突的过程当作一个优化问题（optimization problem）的选择：我必须放弃多少控制权，才能吸引优秀的人才来制作一部出色的电影？克努德斯托普则不这么认为。他想要一部不仅能体现乐高品牌形象，还能提升乐高品牌形象的优秀电影。他认为，自己面临的挑战需要通过整合而非优化来解决。他希望从两种模式中选择各自的优势，然后整合成一个更好的答案，而不是在两种模式中通过妥协达成方案（见图1-1）。换句话说，他认为自己要做的就是提出新的更好的方案，而不是在次优选项中选择一个。

优化：

在选项 A 和选项 B 中寻求勉强的平衡点

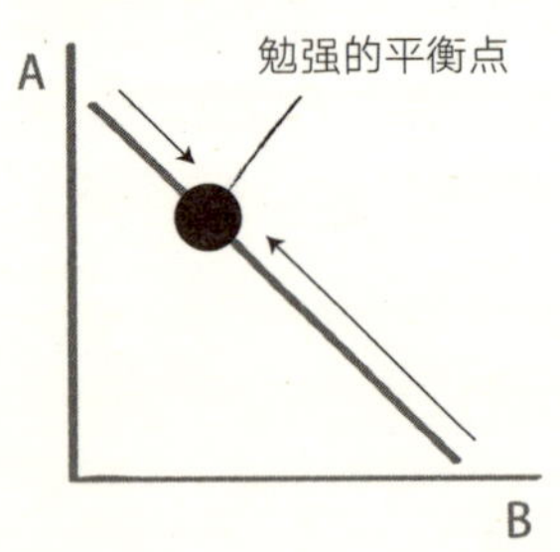

整合：

选取选项 A 和选项 B 的优点，通过创造性重组，提出有价值的新方案

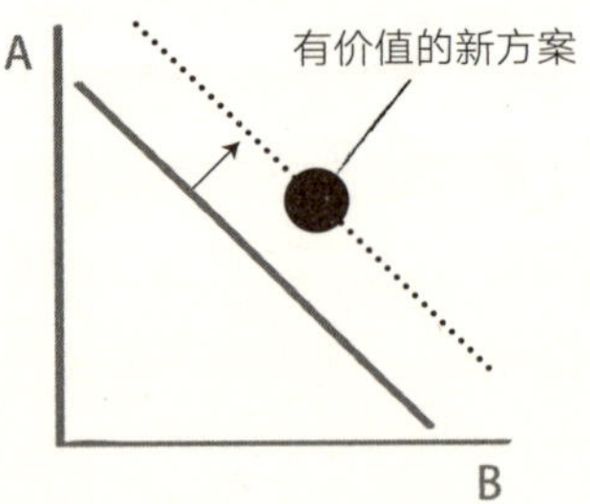

图 1-1 优化与整合

被动选择不如主动创造

你是否经常做决定？你是真正地决策，还是只是接受自己面临的其中一个选项？大多数人通常只会被动选择。在面对艰难抉择时，我们会选择摆在面前的一个选项，而不是提出新的选项，从而以更好的新方式解决问题。通常，我们会审视面临的选项，评估它们的优劣，然后选择其中较好的一个。

我们很自然地会在不同选项中做出取舍。这符合我们的世界观，也符合由世界观决定的决策工具。我们很早就知道生活艰辛，用滚石乐队的话来说，“你不可能总是得到自己想要的”。所以，我们必须学会选择。我们会分析不同的选项，但不会提出新的可能。我们会改进评估性的决策工具，但不会改进创造性的决策工具。这就是世界运作的方式，也变成了我们的决策方式。

有时，我们很走运，因为某个选项是明显正确的答案，这个选项能解决问题并且让所有人都感到满意。但更多时候，我们面临的问题没有明显正确的答案，也没有一个选项能够让每个人感到满意。也许，面前的各种选项只能解决部分问题，或者只能解决问题的表象而非症结。也许，决策者们对最佳方案的意见不一，从而产生了不同的派系，对不同的选项有着完全不同的看法。也许，有很多不错的方案，但选择其中之一意味着放弃其他选项的可取之处。

这时，我们通常做出不那么满意的妥协，或与同伴争辩，或焦灼痛苦地纠结，并拖延重要的行动。我们想要找到正确的答案，但最终只做出了次优选择和妥协。

对乐高集团而言，要在一部优秀电影和一部提升乐高品牌形象的电影之间进行选择，是不可接受的。克努德斯托普不能只选择其中一种结果，他需要仔细审视这两个选项，以找出更好的方案。为了拍出既有创意又能提升乐高集团形象的电影，他要设计一个同时具备两个选项的优势的方案。他的确做到了。他自问："我如何才能设计出一种模式，既能让优秀的电影制作人参与进来，并赋予他们必需的创意掌控权，同时又能让我对他们的工作充满信心，相信他们会保护和提升乐高品牌形象？"克努德斯托普没有妥协，而是提出了复杂的法定协议和会议监督制，还将专业玩家对乐高玩具的热爱传递给电影制作人，让他们也变成粉丝。电影播出后，乐高的粉丝人数大大增加。

思维模型和方法论

当然，乐高集团面临的挑战和情况是特殊的。克努德斯托普是非常优秀的首席执行官。他面临的情况、问题和选择与你在工作中面临的日常挑战有所不同。但他思考问题的方式，即思维模型和方法论，不只适用于乐高。这种思维模型和方法论及其背后的思维工具，正是本书要探讨的主题。

对思维模型的探讨贯穿本书始末。克努德斯托普有自己的处世之道，也有面对最艰难抉择时的思维方式。他的思维方式与大多数人的思维和决策方式形成了鲜明的对比。为什么会这样呢？我们能从大多数人错误的决策方式中学到些什么呢？在第2章，本书将探究这些问题。思维模型的运作方式，也就是人们看待和理解世界的视角，会影响人们的决策。本书将举一些与偏见和直觉有关的例子，说明偏见和直觉如何对人们的思考形成了负面影响。这样你就会意识到，当需要创造新的选项时你面临的一些特殊的挑战：思维方式很少受到间接或直接的质疑；看待世界的方式会受到被你忽视的力量的影响；一旦你以某种方式看待这个世界，就很难形成其他视角；习惯于把世界看得过于简单，并依靠天生的直觉来应对日常生活；倾向于对任何问题都只寻求单一的正确答案。

这些局限很容易让解决问题的方法变得过于模糊、狭隘和有缺陷。人们倾向于形成狭隘的思维模型，不在乎别人，也不在意别人不一样的想法，于是很容易做出糟糕的决策。但不要失去希望，通过本书你将学会整合思维的核心原则，即探索对立模式之间的张力，这有助于你克服这些局限、改进自己的决策。

在第3章，我们将阐述被人们忽略的三大原则，即元认知、同理心和创造力。它们可以帮助我们克服现有决策过程中的局限，产生更好的决策工具。元认知是一种反省和理解我们思考方式的能力。为了成为更优秀的决策者，我们必须让自己和他人都清楚，我们是如何思考问题的及决策背后的理由。同理心是一种理解和评估他人观点的能力。他人有可能看到我们没看到的因素，所以如果我们想提高理解世界的能力，那么参考他人的看法是至关重要的。为了克服现有决策方法的局限性，我们还需要学会以深入、真诚和尊敬的态度去了解他人的想法及其原因。

要做出有效的决策，还要用一种简单、可重复的方式释放创造力。这意味着我们需要产生和提出很多不同的观点。这种创新能力并不那么神秘，并非只有天才艺术家和企业家才具备，而是能够通过学习和练习具备的一种技能。这三大有效决策方法的基本构成要素，为形成新的思维方式和处理任何类型的难题奠定了基础。

本书第二部分的框架

本书第二部分将带你一步步领略整合思维过程，详细解释该如何用整合思维解决问题，并创造更好的解决方案，而不是不情愿地做出妥协。在第 4 章，我们将简要介绍方法论，并用一个简单的例子阐述整合思维的 4 个行为阶段：呈现对立模式、审视对立模式、探究各种可能性、评估初始方案。然后，对于每个行为阶段，我们用一整章的篇幅详尽探讨。

第 5 章探讨如何理解面临的问题。你将重新定义要解决的问题，明确两种对立的解决方案，审视它们并找出其共同点，最后深入思考它们会对你的利益相关人带来什么好处。在整合思维的这一阶段，你将明白对立的答案背后有着怎样的思维方式；将知道为什么对立性观点之间的张力是很重要的；将发现如何最有效地创造这种张力；将学会应该如何以不同的方式思考面临的选项。

第 6 章将探讨如何审视对立的模式。在整合思维的这一阶段，你会很清晰地感受到对立性方案产生的张力。你的目标是要发现可能的突破口，从而在张力之间提出创造性的解决方案。我们设计了一系列的问题，帮助你深入探究对立性方案及其张力。以多伦多国际电影节为核心案例，我们探讨了评估对立性方案之张力的重要性，呈现了潜藏在对立性方案中的核心假设，并理解了对立性方案如何有助于产生最重要和最有价值的结果。我们还介绍了深入思考因果关系的工具，以帮助你就对立性方案形成深刻见解，并为提出新的可能性打开新的思路。在审视了不同模式之后，接下来就是为解决不同方案之间的冲突提出各种可能性，以创造更好的选择，从而解决问题。

“探究各种可能性”即整合思维的第 3 阶段，是第 7 章要探讨的内容。我们先讲述了领航集团（The Vanguard Group）创始人约翰·博格（John Bogle）[①] 的故事，领航集团是全球著名的

① 想了解约翰·博格更多的投资理念，推荐阅读由湛庐文化策划、北京联合出版公司出版的中文简体字版《共同基金常识（10 周年纪念版）》。——编者注

投资管理公司。在这个阶段，你将试图提出新的选项。为了让你找到着手点，我们提供了对应不同整合方法的 3 种方法，这些方法都是成功的整合思维者常用的方法。

运用这些方法的目的是形成搜索机制（search mechanisms）。从本质上讲，它们分别对应 3 个问题，以帮助你构建搜索答案的框架。在第 3 阶段，我们的目标是提出一系列可能的方案，并可以不断设计、测试和改进它们。我们将列举一些例子，阐述每一种方法在实践中是如何应用的。我们的目标不仅是提供可以复制的模板，而且让你更好地理解如何充分使用这 3 种方法，来探索各种可能的解决方案。

第 8 章详细阐述了整合思维过程的最后一个阶段，即通过设计和测试来评估初始方案。这一阶段有 3 个组成部分：通过设计思维工具清晰定义新的可能性，这些工具包括讲故事、形象化和物理建模；理解每一种新的可能性要成为能够解决问题的方案所要具备的条件；设计和测试各种可能的方案，从而做出选择。在这一阶段，我们以加拿大网球协会为例，你将学会如何改进和完善各种方案，以确定最终方案，并着手执行自己创造的新方案。

本书以探讨思维模型作为结束。在结语部分，我们将探讨一种处世之道，无论你处于何种特殊境地，它都能使你更加自如地运用整合思维。我们讲述了联合利华公司（Unilever）首席执行官保罗·波尔曼（Paul Polman）的故事，阐述了相信自己有能力创造更好的方案的重要性。我们探讨了这一根本信念及其重要性，并谈论了整合思维的本质。所有这些内容都是为了向你提供例证，帮助你更好地审视自己的思维模型。我们之所以以思维模型贯穿全书始末，是为了强调本书的核心主题：整合思维本身就是一种好的选择，一种看待世界的方式，能够开启之前不存在的新的可能性。

本书意在为整合思维者提供实用的操作指南。书中有很多思维实验和任务，目的是激发你亲自体验这些理论、工具和流程。我们还提供了一些有用的模板，你与团队在解决现实工作中的问题时，可以使用它们。我们的目标是与你分享提出更好方案的方法，并为你提供需要的工具。

CREATING GREAT CHOICES

02 糟糕的决定源于思维模型的 5 个特点

我们对自己的盲目视而不见。我们对自己所知甚少缺乏了解。

丹尼尔·卡尼曼（Daniel Kahneman）
心理学家、经济学家

A LEADER'S GUIDE TO INTEGRATIVE THINKING

我们需要面对一个现实：大多数人都会做出很多糟糕的决定，比如，发布新产品最后却失败了，选择重新看一遍《权力的游戏》而不是选择去健身。意识到我们很容易做出糟糕的决定这一事实，并不足以让我们改变。如果我们希望持续做出更好的决策，就需要理解当前的决策过程是如何导致失败的。

在某种程度上，决策经常失败的原因在于，思维方式出了问题，我们根深蒂固的偏见产生了错误的逻辑。无论我们认为自己的逻辑能力有多强，心智有多成熟，每个人都会在某种程度上犯这些思维错误。这是站在个人层面来讲的，似乎我们进入集体后，就能通过思考和相互启发提出更好的解决方案，从而避免失败。遗憾的是，群体决策通常会让问题变得更加糟糕。总体而言，群体决策的过程不仅会犯个体决策的错误，还会将个体偏见和逻辑错误放大，从而让结果变得更糟。

无论是个人还是群体，糟糕决策的根源都与理解世界的方式及思维方式有关。人类拥有思维是一件了不起的事。大约 1 000 亿个神经元控制了我们的每一个想法、感受和行为，让我们能够说话、扔球、记住初吻，让我们理解世界和我们在其中的作用。笛卡尔说，这就是我们知道存在自我的证据，这些证据体现在我们具有怀疑、提问和思考的能力之中。这是我们能够记忆、玩乐、运动、解决问题和创造的根源。

思维是我们理解世界的工具。但实际上，它不像是认识世界的窗口，而更像是认识世界的过滤器。说它像过滤器是说得通的，因为世界太复杂，我们不可能随时获取和处理各种信息，所以思维帮了大忙，而我们却浑然不知。它过滤了大量的复杂因素，为我们构建了一个简化的事物模型（见图 2-1）。每当我们遇到任何事情，不管是一个人、一个地方，还是一个观点，我们的思维都会为之建立一个简化模型。毕竟，模型的定义就是：以简化的方式反映某个事物。

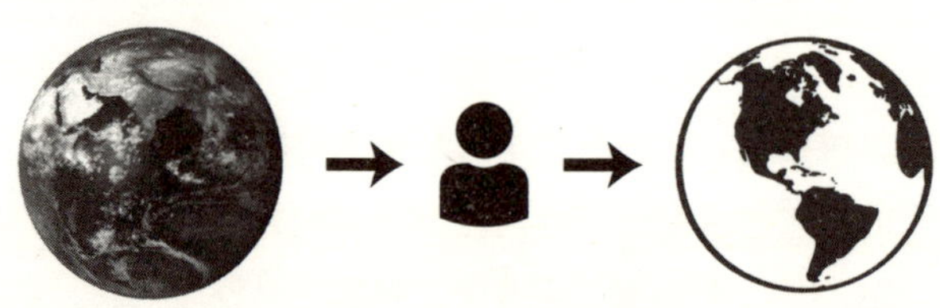

图 2-1　建立思维模型

通过自动执行子程序，思维总是在建立模型。这一过程让我们系统性地留意某些事物，而忽视某些事物；让我们根据已有的认知来解释我们的经历。思维构造了我们的主观世界，创造了英国心理学家肯尼思 · 克雷克（Kenneth Craik）所谓的现实“简化模型”，思维就用这些模式来预测事件。[1] 这些模型非常重要，它们让我们在这个复杂的世界生存，而不会被复杂性所困扰。

思维模型，即思维构建的对于世界的认知模型，是随着时间逐渐积累形成的，最终构建了我们心中的现实。建模过程是自动和持续进行的，最重要的是，它还是在潜意识中形成的。正如系统动力学专家约翰·斯特曼（John Sterman）解释的：“你做的每个决定……知道的每件事和做的每件事都基于某种思维模型。你不可能决定是否要建立思维模型，只能选择使用哪种思维模型。大多数时候，你根本没意识到自己正在使用哪种模式。”[2]

更糟糕的是，这些模式有可能是错误的，至少是不全面的。这正是模式的特点：它们会忽略事物的某些方面。查理·拉夫（Charles Lave）和詹姆斯·马奇（James March）充分解释了这一特点，他们写道：“模式就是真实世界某个部分的简化图景。它包含了真实世界的某些特征，而没有包括全部特征，只是对世界一系列相互关联的猜测。”[3] 哲学家阿尔弗雷德·科日布斯基（Alfred Korzybski）更诗意地描写了这一特点：“地图不等于实际地形。”[4] 地图是我们对现实的反映，是对世界的简化认知版本，只要该地图是有用的并与现实足够相似即可。然而，现实与认知之间总是存在着差异。

尽管思维模型有可能是错误的，但对我们的行为和选择具有深刻影响，正如越来越多的行为经济学证明的那样。思维模型及影响了思维模型的认知偏见，能够导致我们做出次优选择，因为这些模式在很大程度上是内隐的、容易被操控的、顽固的、简单的和单一的。下文依次讨论思维模型的这 5 个特点。

特点 1，思维模型是内隐的

我们很少意识到自己的思维模型，以为自己看到的就是现实，所以很少反省自己的认知能力是如何影响对现实的看法的。其实，它会严重影响我们对现实的看法。下面举一个足球赛的例子。

1951 年，普林斯顿大学和达特茅斯学院上演了一场粗野的橄榄球赛。在第二节，普林斯顿明星中卫迪克·卡兹迈尔（Dick Kazmaier）鼻子受伤了，离开了赛场。在第三节，达特茅斯学院的一位球员腿骨骨折。双方脾气火爆，裁判频频鸣哨。比赛结束后，双方的校园媒体都报道了赛场上的火药味，刊登了球员受伤的图片。[5]

《普林斯顿日报》（*Daily Princetonian*）把这场球赛称为“恶心的表演”：“责任必须要归咎于达特茅斯球员，普林斯顿队显然是更出色的球队，没有理由野蛮地对待达特茅斯球员。”《达特茅斯报》（*Dartmouth*）的记者不同意普林斯顿的观点：“是的，这场球赛踢得很‘脏’，但责任完全在普林斯顿教练查利·考德威尔（Charley Caldwell）身上。”正是他因卡兹迈尔的受伤，指使球员报复，这家报纸断言："这是橄榄球赛历史上最肮脏的比赛。"

艾伯特·哈斯托夫（Albert Hastorf）和哈德利·坎特里尔（Hadley Cantril）教授读了两方的报道，对这件事感到很好奇。于是，他们做了社会心理学家该做的事情：发起了一项实验。两位教授让普林斯顿大学和达特茅斯学院的学生们观看比赛录像，让他们注意任何犯规动作，并评判这些犯规是轻微的还是公然挑衅。

当普林斯顿大学的学生观看录像时，他们认为比赛很粗野、很肮脏，而且达特茅斯队的犯规次数是普林斯顿队的两倍。在他们看来，达特茅斯队的犯规比普林斯顿队的犯规更粗野。相反，达特茅斯学院的学生则认为两队的犯规次数一样，并且达特茅斯队的犯规次数只有普林斯顿大学学生认为的一半。[6]

从对比赛的不同认知模型来看，两位教授得出了如下结论："似乎很清楚了，同一场'比赛'实际上被不同的人看成了不同的比赛，而且每一方都认为自己看到的比赛是真实的，而对方看到的则不是真实的。"[7] 由于没有意识到自己的潜在偏见，达特茅斯学院和普林斯顿大学的学生们只注意到与自己已有观念相符的信息。对他们而言，真实的比赛只存在于自己的心中。

在这项重要的研究中，所有学生都没有意识到他们对现实的认知模型是如何强烈影响自己对比赛的判断的。思维模型潜伏在表象之下，我们很少反思它们如何影响了行为。但它们的确会影响行为。深入理解这些模式及其如何影响行为，有助于我们意识到它们对于决策的重要意义。

以工作团队为例。如果你问团队成员“要想获得成功，需要具备什么样的思维模型”，那么他们很难给出清晰的答案。但你也许能从他们的行为中发现潜在的思维模型。假设团队中有个人叫杰夫，工作非常努力。他坐在办公桌边吃午饭，几乎每天都很晚下班，显然他很为自己的工作而自豪。是什么样的思维模型让他产生这种行为呢？在我们看来，杰夫的核心信念是：只有努力工作才能获得成功。杰夫对“成功”的认知模型是：业绩出色，并展现对工作的高度投入和责任感，才是获得长期成功的关键。

再来看另一个成员，她叫艾希莉。她很少独自待在办公桌前，而是经常参加会议，或者在公共茶水间与人交谈，或者外出与客户打高尔夫。她是一个为社区服务的社会志愿者机构的领导者，因此晚上花在社交方面的时间很可能比待在办公室的时间更长。在我们看来，艾希莉对“成功 ”的定义非常接近于古老的格言：“成功不在于你拥有多少知识，而在于你认识多少成功人士。”她的核心信念是：建立人脉关系是成功的关键。艾希莉的思维模型让她认为，花时间建立人际关系是很值得的。

事实上，杰夫和艾希莉都没有意识到自己的认知模型，并且这些认知模型都不是完全正确的。如果杰夫和艾希莉能有意识地反思自己对“成功”的定义，以及由此驱动的各种行为，也许他们能采取更平衡的工作方式。当二人认知模型中某种模式在实践中遇到问题时，可能让他们的痛苦减轻一些。比如，其他成员得到提拔，或者艾希莉和杰夫一起负责某个项目，却总是就如何推进工作产生冲突，并因不能打破僵局而彼此责备。

整合决策练习 CREATING GREAT CHOICES

你对事业成功的定义是什么？为你的信念构建一幅思维图（见图 2-2），然后问自己：这些信念来自哪里，我什么时候，以及是如何开始相信这些信念的？这种认知模型是如何帮助我的，又是如何妨碍我的？

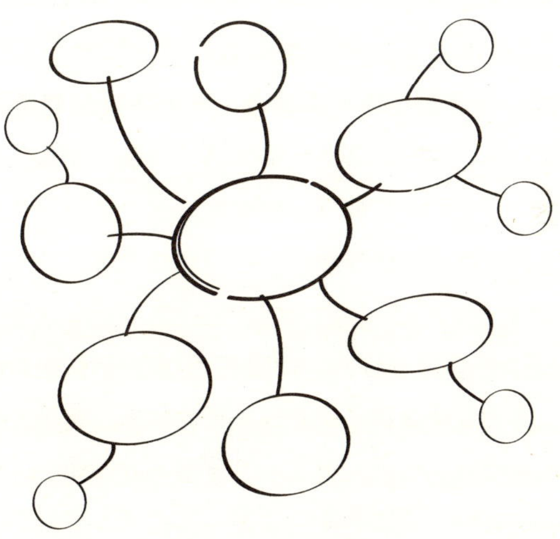

图 2-2 简单的思维图

我们对思维模型的认知越模糊，就越有可能无法理解为什么要做某项工作，为什么会得到这样的结果。很多糟糕的决定都可以归咎于不够了解自己的认知模型及其背后的潜在假设。

特点 2，思维模型容易被操控

思维模型大多来自人生经历。随着时间的推移，它们可能来自父母的教导，或者学校的学习，或者朋友的建议。有时候，我们对世界的认知模型会受到一些因素的操控，却很难注意到这些因素，并且也不会想到它们会对我们产生影响。

丹·艾瑞里在《怪诞行为学》中举了一个操控思维模型的简单例子。[8] 他讲述了在麻省理工学院与伦纳德·李（Leonard Lee）和沙恩·弗雷德里克（Shane Frederick）做的啤酒实验。实验步骤非常简单。在一家酒吧，学生们可以选择百威或者麻省理工自酿啤酒。学生们先尝试每一种啤酒，然后选择其中一种，最后得到一整杯自己选择的啤酒。

第一组学生将进行盲测，即事先不知道任何关于啤酒的信息。此时，多数学生选择了麻省理工自酿啤酒。第二组学生则被事先告知两种啤酒的区别，事实上，所谓的麻省理工自酿啤酒只是在百威啤酒中滴了几滴香醋。于是，不喜欢香醋的学生就选择了百威啤酒。

之后，艾瑞里、李和弗雷德里克增加了一个实验步骤。对于最后一组学生，研究人员在学生们品尝了麻省理工自酿啤酒之后做出选择之前，向他们解释真相。此时，选择麻省理工自酿啤酒的学生数量与第一组不知道滴入了香醋的学生一样多，但比事先知道滴入了香醋的学生数量要多得多。

艾瑞里和同事很想知道人们的预期是如何影响认知的。事实上，事先知道啤酒里滴入了香醋让啤酒喝起来口感变差了。对受试者而言，现实在很大程度上因一条信息存在与否而改变，而啤酒本身都是一样的。

这一简单例子表明了他人如何能够以各种方式影响我们的思维模型，影响我们对世界的理解，而我们却对这种影响一无所知。

钟晨波（Chen-Bo Zhong，音译）和杰夫·莱奥纳尔代利（Geoff Leonardelli）的实验也是这方面的例子。他们让一组受试者回忆被群体排斥的经历，让另一组受试者回忆被群体接纳的经历。两组受试者都要回答一系列问题，其中一个问题是：你预测这间屋子的温度是多少？那些回忆受排斥经历的受试者的平均预测值比那些回忆被接纳的受试者低了 3℃。[9] 被排斥的感受实际上让受试者感到的温度更低。这一简单的操控对受试者的现实认知产生了重大影响。

由于认知模型会受到操控，因此这种操控既可以用于正道，比如通过行为助推鼓励健康饮食；也可以用于歧途，比如通过潜意识的宣传煽动对少数族裔的仇恨和恐惧。无论是哪种操控，显然，情况的细微变化都会导致非常不同的选择。比如，相比吃午饭之前，法官在早上和中途茶歇之后更容易从轻判处罪行。这说明，饥饿对法官的行为会有潜在影响。[10] 假设你让观看了车祸录像的人预测车速，“当两辆车相撞时它们的速度有多快”，再问同样的问题，只不过用“碰触”取代了“相撞”，就会得到完全不同的答案。“相撞”情况下的答案是每小时 66 公里，而“碰触”情况下的答案是每小时 50 公里。[11] 男性滑冰运动员如果在很漂亮的女裁判面前进行表演，他们的滑行速度和风险系数都会提高。[12]

所有这些例子都表明，至少在短期内，思维模型比我们想象的更容易受到外界因素的影响。同事的短评、对房间温度的感受、香醋的添加与否，似乎情况的细微变化都能影响我们的思维模型，在无意识中让我们产生偏见。影响思维模型的因素比我们想象的更多，我们的选择正是由这些模型造成的。

我们表现出的非理性，即在同样情况下做出不同选择，要部分归咎于外在因素对思维的影响。由于日常生活中存在各种不同的影响因素，难怪我们有时候表现得前后不一。

特点3，思维模型非常顽固

一旦我们对世界有了强烈而坚定的认知模型，就很难以重要而持久的方式改变它。为什么呢？因为我们会很自然地去寻求信息来佐证现有的认知模型。我们很容易去寻找符合和支持自己世界观的答案，而不会积极寻找与之相左的证据和信息。

举个例子，史蒂夫长期坚定地相信：开奥迪车的人是傻瓜。注意，我们没有断言这种看法是正确的还是错误的。史蒂夫只要在开车，就会指出奥迪车主的各种错误驾驶行为："瞧，开奥迪的那家伙又加塞了。他们总是这么做！"受到确证偏见的误导，史蒂夫无意识中会寻找证据来支持自己的观点。而当一个奥迪车主为他让路或者一个宝马车主开车不守规矩时，他就会忽视这些情况，认为只是例外和异常现象，而不是讨厌的奥迪车主的真实状态。史蒂夫每当在开车时，就会越发强化自己的看法。

我们的很多思维模型都与此类似，一旦形成了对世界的信念，就倾向于固守它。随着我们有选择性地为自己的信念增加有利证据，就会对它的正确性更有信心。个人的、直观的、最近发生的事件会显得更加重要，使思维模型似乎变得更接近于现实。一旦某种思维模型被认为是真的，就很难被动摇，无论有多少相反的证据摆在面前。

相反的证据实际上反倒让我们更执着于已有的信念，这种现象被称为“逆反效应”。这个专业术语是由布伦丹·尼汉（Brendan Nyhan）和贾森·雷福莱尔（Jason Reifler）在2006年做的实验中提出的。[13] 尼汉和雷福莱尔在实验中采用了一些观点完全相反的文章。这些文章包含了政治人物的观点，这些观点将加深一种普遍的误解。比如，一篇文章引用了某位总统的话，认为某个国家拥有大规模杀伤性武器，实际上这位总统发表这些言论的时候，战争还没打响。在受试者读完这篇含有错误信息的文章之后，研究人员立即给了受试者一份修正版，纠正了之前那篇文章的错误信息。修正版文章讨论了一篇报告，该报告指出，在开战之前，没有证据显示被预测的国家有大规模杀伤性武器或有主动生产这些武器的意图。那些反对战争或持有强烈自由主义倾向的受试者，更倾向于反对最初的文章，并接受修正版。相反，保守主义者和那些支持战争的人则更倾向于认同最初的文章，强烈反对修正版。

在读完修正版文章，知道某个国家没有大规模杀伤性武器之后，保守主义者对已有的信念变得更有信心了，反而更加确信被预测的国家存在大规模杀伤性武器。

我们的信念是很固执的。我们一旦以某种方式看待世界，就很难再付出精力和意愿用别的方式了。大多数人喜欢采取更轻松的方式来捍卫自己的信念。信念对个人决策的影响是非常深刻的：人们倾向于基于同样的信念和假设，多次做出同样的决定。当我们需要为自己当前的行为辩护时，就会寻找支持我们观点的证据，忽略任何与之相反的证据。我们信赖那些符合自己世界观的信息、结果，通常与那些不认同我们观点的人交流出现冲突和相互不信任的情况，并有可能强化组织阵营和派系。

特点 4，思维模型过于简单

我们渴望追求效率，懒得思考，所以倾向于缩短推理过程，严重依赖过于简单的现实认知模型。我们寻找和使用可用的、很容易记忆和理解的信息，以其作为构建思维模型的基础，而很少深入挖掘信念背后的真正理由。

因此，很多认知偏见造成了我们对世界的认知过于简化。现在，只讨论理解世界的一种方式：因果关系。我们倾向于寻求最简单和最直接的因果关系来解释自己看到的结果。我们还运用简单的因果逻辑解释为什么我们的行为会产生我们想要的结果。

塔塔汽车公司（Tata Motors）的高管们就遵循了这一方式。2008 年，公司推出了塔塔纳努汽车（Tata Nano)，初衷就是要让它成为世界上最便宜的汽车。公司董事长拉坦·塔塔（Ratan Tata）解释了设计这款汽车的想法：“我发现很多家庭的出行工具都是两轮摩托，丈夫开轻便摩托，小孩站在他的前面，妻子坐在他的后面扶着孩子。这让我产生了一个想法，我们是否能为家庭设计一款安全、便宜、适应各种天气的汽车。”[14] 纳努就是这样一款车。它定位于日益增长的印度中产阶层，价格只有 10 万卢比（约合人民币 9 600 元）。公司确信这款新车一定能取得成功，因此，预备了每年 25 万辆的产能。

然而事实上，纳努第一年只卖出了 6 万辆。部分原因是出现了质量和安全问题。但更主要的原因是设计师采用了简单的因果关系，没有考虑到更复杂的因素。塔塔汽车公司认知模型的本质是这样的：如果最终能为穷人生产出他们买得起的车，那么他们就一定会买它。潜在的假设是，人们选择交通工具的唯一因素就是价格。毕竟，难道不是每个人都想拥有一辆汽车吗？因此塔塔汽车公司认为，一款经济实惠的车就能满足大量的潜在需求，使纳努获得巨大的成功。

这一逻辑链遗失了哪些重要环节呢？买一辆车就是买它的功能，它能让你从 A 地到达 B 地。但对于新兴中产阶级，一辆车体现了身份，是一种显示自己成功的标志。而买一辆纳努不能让中产客户拥有身份感。于是，更好的做法就是再存点钱，买辆更好的车。这就是多数印度人的想法和做法。

整合决策练习 CREATING GREAT CHOICES

在纸上写下自己的因果模式。可以从最喜欢的话题开始：是什么因素导致一个人爱上了另一个人。写一个最简单的模型，它包含了某些因果关系的要素。然后，增加要素，并想象各种结果和可能性。

为了能让自己过得更幸福，我们的思维模型应该尽可能简单，但又不能过于简单。当它们过于简单时，就会失去解释和预测能力，进而失效。当思维模型失败后，我们倾向于为失败找借口，把原因归咎于外在因素，即思维模型无法解释的因素。我们不会谴责思维模型，只会谴责他人和环境。但这是一种误解。约翰·斯特曼解释道："没有副作用，只有作用。我们把那些预期的或我们喜欢的模式，称为主要作用或预期影响，并接受了它们；将那些未预测到的或者突然出现的模式，则称为'副作用'。"[15] 我们排斥副作用，因此，思维模型就不会随着时间推移变得更完善。

过于简单的思维模型还会使我们陷入麻烦，因为它会让我们在理解世界时过度自信。人们很容易高估自己的理性能力，就像很容易高估自己的领导力、幽默感和驾驶技术一样。更糟糕的是，人们还很容易对预测结果高度自信。在每一年的本科生商务课程开课时，詹妮弗·里尔会让学生们预测，他们认为自己的成绩会处于班级的前几十名还是后几十名，然后表明自己对预测的信心有多大（自信程度用 1 分到 5 分来衡量）。每年，大多数学生都会预测自己的成绩位于班级前几十名，并且对此笃信不疑。但是，这种预测在统计学上是不可能的。大家都是聪明的学生，如果他们考虑到这一点，就会对自己未来的成绩排位有更清醒的认知，或者至少有更符合实际的自信心。

人们都喜欢简单。如果你曾在会议上提出一个问题，然后被告知“你想得过于复杂了”，那么就体会到了人们对简单的偏爱。对简单的偏爱会导致我们忽略一些重要的信息，并压制不同的观点，最终做出糟糕的决策。

特点 5，思维模型过于单一

思维模型常常很狭隘和单一，通常只能应用于一种情景。事实表明，我们高估了适用于某个场景的模型能够应用于更多场景的可能性。

以布莱克 – 斯科尔斯期权（Black–Scholes options）定价模型为例。该模型创建于 1973 年，是为股票期权定价的数学模型。[16] 迈伦·斯科尔斯（Myron Scholes）和费希尔·布莱克（Fischer Black）绞尽脑汁地思考他们构建的模型能应用到哪个具体场景。这一模型属于欧式期权模型，只有到期才能执行，在无风险利率和波动性已知且不变的有效市场中，在期权有效期内不支付股息，不收取佣金。即便不是衍生品专家也明白，这个期权定价模型的应用范围是非常有限的。然而，布莱克 – 斯科尔斯期权定价模型仍然成了所有期权定价的标准模型。正如沃伦·巴菲特在 2008 年写给伯克希尔·哈撒韦（Berkshire Hathaway）公司股东的信中所说：“布莱克 – 斯科尔斯期权定价模型已经接近了金融圣杯的地位……但是，如果长时间应用该模型的话，它就会产生荒谬的结果。平心而论，布莱克和斯科尔斯似乎是完全理解这一点的。但他们虔诚的追随者们也许忽略了他们在首次公布该模型时提出的忠告。”[17] 布莱克同意巴菲特的看法，他在 1990 年写道：“我有时候想知道，为什么人们还会使用布莱克 – 斯科尔斯期权定价模型，因为它完全基于简单的假设，即不符合现实的简单假设。”[18]

整合决策练习 CREATING GREAT CHOICES

找一个你在工作中经常使用的模型，比如，净现值模型、动机激励理论、马斯洛的需求层次理论、股东价值最大化模型。然后，回答如下问题：

- 设计这个模型的目的是什么？它能够发挥什么作用？
- 这个模型背后的关键假设是什么？
- 在什么条件下这个模型能发挥最佳效果？
- 在什么条件下它不能发挥作用？

最后，思考这些答案对你继续使用该模型的影响。

模型是在具体的情景中被构建出来的。但通常它们会被应用到其他情景中，所以难以实现它在最初情景中的效果。“模型很单一”就是说，我们认为现有的思维模型就是唯一正确的答案。然而，查理 · 拉夫和詹姆斯 · 马奇告诉我们，这种看法是不对的，因为我们塑造世界的方式表明，有很多种可能的理想世界的方式。他们写道：“既然一种模型只具备现实的某些特征，我们对同样一件事物就会形成一些不同的模型，每一种模型体现了该事物的某个不同面向。”[19] 显然，针对相同事物，这个世界会在不同的人的大脑中产生不同的模型（见图 2–3）。那么，为什么现有的思维模型看起来是唯一正确的模型呢？

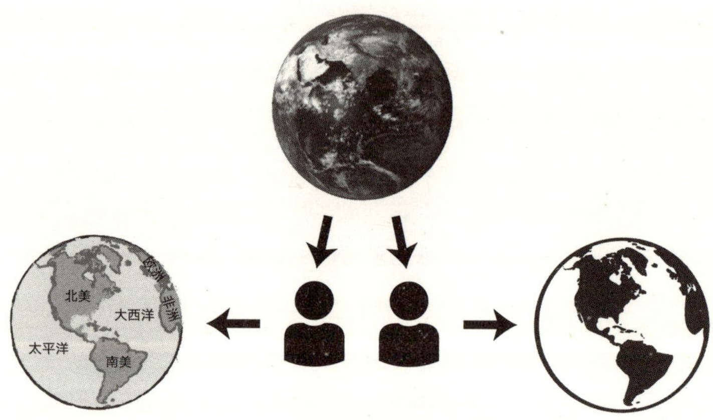

图 2-3 明显不同的思维模型

部分原因是它反映了我们受教育的方式。在学校，任何问题通常都只有一个正确答案，也就是教科书后面提供的答案。根据教科书上的定义，任何与其不同的答案都是错误的。而且，我们在物质奖励下很快就能发现单一的正确答案，并确信不疑地把答案反馈给老师。老师告诉我们，肯定存在正确的答案和错误的答案。我们的目标就是找出正确的答案。当错误的答案出现时怎么办呢？把错误答案从大脑中赶走。

很多人在工作中有过类似的经历。比如，参加会议时，我们仔细聆听讨论，会议结束后以为自己完全清楚了怎么做。在走出会议室时，我们向同事确认自己的理解是否正确。但对方的理解与我们的理解完全不同，我们会很纳闷：“老天，你参加的是什么会议啊？”那位同事已经对会议构建了一种非常不同的思维模型，一种符合他对世界既有认知、偏见、观念、经验的模型。但在我们看来，由于只存在唯一正确的答案，因此，他的另一种模型似乎就是错误的模型。

另外两种认知偏见放大了这种情况的负面效应。首先是“亲近偏见”（affinity bias），我们喜欢与跟自己类似的人待在一起。我们喜欢他们，愿意花更多时间与其相处，而不是与别人相处。我们雇用和提拔他们。这种偏见也意味着，我们不会和那些与自己世界观不同的人亲近。我们不喜欢他们，不会花时间与他们相处，不会雇用他们，也不会提拔他们。我们倾向于忽视他们的观点，而不是试图理解。

其次是“投射偏见”（projection bias）。我们倾向于相信，其他人与我们的想法一致。因此，当其他人获得与我们相同的信息时，我们就会认为他们会得出与自己相同的结论。当一个人得出了不同的结论时，我们就会很难理解他的想法。

当面对与我们的世界观不一样的人时，我们会在潜意识中形成两种看法。一种看法是我们可能会认为他不如我们聪明。更直白地说，我们认为他很愚蠢。另一种看法是我们可能会认为这个人一点都不愚蠢，他完全知道正确答案，但他出于个人的、不可告知的目的为错误的答案进行辩护。所以，第二种看法是，那人是个坏人。在“那人很愚蠢”的假设下，我们向他解释正确的答案，并且非常耐心细致，就好像他真的很愚蠢一样。在“那人是个坏人”的假设下，我们会发起反击，寻求同伴支持我们的观点，将“坏人”排挤出讨论过程，对他的辩护充耳不闻。无论是哪种假设，无论是哪种反应，都不可能有助于我们赢得朋友，影响他人。

这些看法实际上都与我们的信念有关，也都与驱动思考的偏见有关。将同伴要么归为蠢货，要么归为坏人，是没有同理心的表现，这反映了我们没有能力理解他人是如何思考或感受的。哪怕是以含蓄的方式排挤那些被归为蠢货或者险恶坏人的同伴，都会让群体决策变得更为困难。

群体决策的过程

在工作中，我们通常把组织决策看成是线性的过程（见图 2-4）。想象一下这个过程中会产生哪些思维模型和偏见。

首先，决策过程的目标是什么？是为了得到正确的答案，为了解决我们最初遇到的问题。因而，我们必须要经历由共识驱动的线性的决策过程。人们几乎不会质疑最初遇到的问题，去探索创造性的替代方案，也不会审视早期阶段出现的问题，以避免重做一遍之前的工作。

其次，我们会授权一个团队去执行决策。该团队是如何选出来的呢？原则上讲，我们应该跨部门选择人才，将不同部门的专业知识和技能整合在一起。但由于专业知识只针对特定领域，因此，每个人都应该意识到，自己是来贡献专业知识的，而不是来挑战他人的专业知识的。团队也应该意识到，成员之间必须紧密协作。尽管所有公司都号称重视具有建设性的反对意见，但传递出来的信息却是很清楚的：团队中发生观念冲突是一件坏事，这种冲突是很危险的，它可能导致组织凝聚力的耗散和决策执行的失败。所以，我们在工作中要和谐相处，礼貌待人。我们不是利用各种不同的整体观点来处理问题，而是把问题分解成不同的子问题，然后由各个领域的专家分别去解决，最后再把各自的解决结果汇总起来。

最后是分析。我们需要决定搜集和分析哪些数据，分析是之后一切步骤的基础。分析的结果就是形成事实，事实是构建其他信息的基础。我们搜集的数据集显然是对世界的一种认知。我们通过关注并忽略某些数据，通过用以前的经验预测未来的走向，通过寻找佐证自己世界观的数据，通过简化问题的因果关系，通过克服解决方案的弱点，构建了这种认知模型。分析阶段为我们指出了明确的方向，让我们基于简化的世界观得出一个狭隘的答案；同时，又让我们自鸣得意，以为自己的方法论是严格的、证据确凿的。

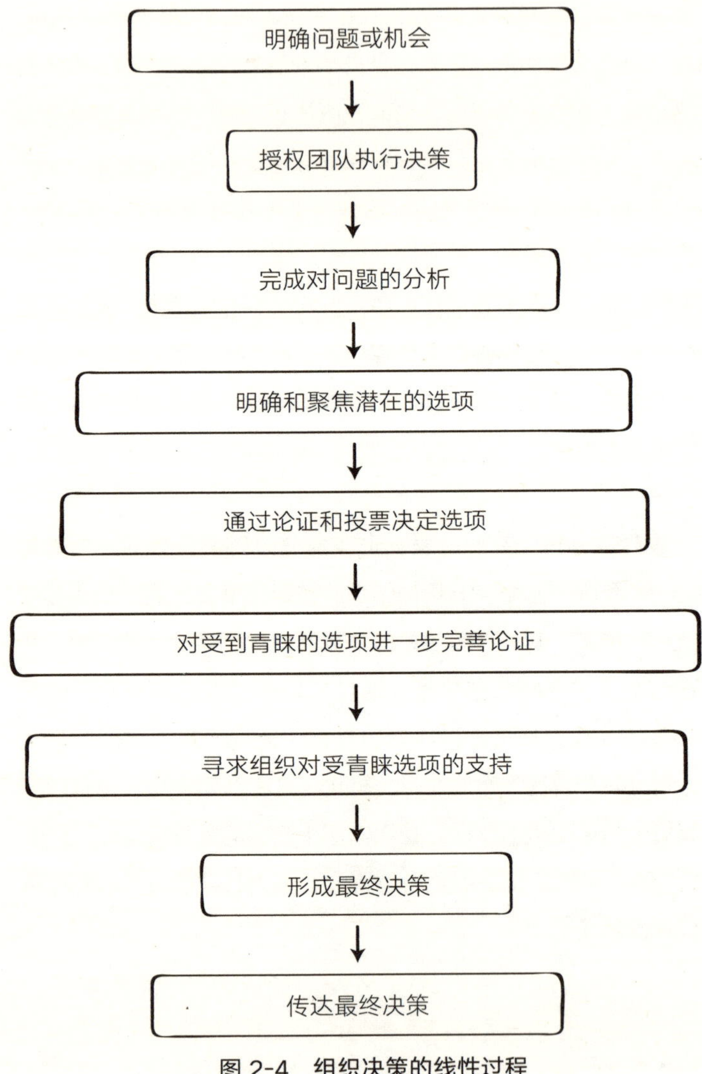

图 2-4　组织决策的线性过程

只有一个正确答案

这时，通常会出现新的挑战。当开始确定各种可能的解决方案时，团队成员的观念可能因为各不相同，团队难以确定哪个方案是正确的。然而，决策过程最终只能得出唯一正确的答案。不同的观念降低了团队决策效率，造成了人际冲突，偏离了我们惯常采用的线性决策路径。此时，团队面临压力，必须达成共识。

在这种情况下，论证和投票就被引入了决策过程。面对各种选项，我们倾向于默认采取两种行为过程的其中一种：要么通过争论找出“错误”答案，然后排除它；要么采取民主方式，交由多数人决定。在第一种情况下，我们向提出异议的同事解释正确的答案，如果他们没有领会，我们就更耐心、更大声地继续解释。可也许他们还是不能领会。最终，他们中的一些人妥协了：“好吧，我们就按你们说的做！”注意，他们并没有说：“好吧，你们是正确的。”人们经常会做出妥协，但这不是因为他们认为自己的模型是错误的，而是因为反对方有更大的权力，或者更喜欢争论到底，或者如果持续争论下去，他们就会排挤我们。

这种要么强压要么自我妥协的方法会在决策过程结束之后留下严重的后遗症。当我们公开表达了对某个选项的偏好时，就很难在认知和人际关系方面做出改变。一旦改变就意味着在同事面前丢了面子，并且会产生自我认知失调，对自己前后不一致的观点感到不适。

后来，团队找到了另一种产生共识的方法，这种方法似乎更有效率。在这种情况下，不同的答案被称为不同的选项，团队成员将所有选项摆在桌面上，然后不断分析它们，找出所有选项的优劣，直到对此感到厌倦，对每个选项都失去了热情。

最不糟糕的选项

在这种情况下，有时候我们会选择某个选项，因为这个选项最经得起分析过程的考验。我称之为“最不糟糕”的选项。我们通常早就知道，没有哪个选项足够好，也没有哪个选项能真正解决问题，还知道各个重要的派系都有自己支持的选项。如果我们选择的方案并没有真正解决问题，那么反对阵营会出各种难题。所以，我们将各种选项放在一起，从中选择一些好的和差的，最终产生一个相对不那么让人痛苦的妥协方案。但没有人对这一方案感到真正满意，不过，至少不会有人在会议结束后对其他人表达不满了。我们选择了这个选项后，开始执行。

难怪群体决策的结果总是那么平庸。如果有一个很棒的选项摆在面前，那我们会接受它。但通常我们面临各种相互对立的模式，必须从中权衡，甚至因此产生人际冲突。我们希望寻求共识，最后却以做出妥协、选择不甚满意的次优方案而告终。这就是为什么很多人会厌恶达成共识的想法，因为这意味着要经历一个痛苦的过程，而且很少做出优秀的决策。

更好的决策过程

为了做出更好的决策，我们需要一种更好的决策过程。我们需要一种思维方式和产生各种选项的方式。这些方式可以减弱根深蒂固的思维模型和偏见带来的负面效应。其中的关键在于，要清晰地思考各种不同的方案，深入探索解决问题的各种可能性。从某种程度上讲，这种方法挑战了“只存在单一正确答案”的观念。它还能促使我们有意识地利用相互冲突的看法，从而丰富对问题的理解，设想出各种可能的解决方案。

彼得·德鲁克在50年前就提到过这种方法。在《卓有成效的管理者》一书中，德鲁克花了很长的篇幅来探讨决策过程。他认为，决策是一项核心的执行任务。他说，一个优秀的决策者专注于最重要的决策，力求更深入地理解问题，而不是希望迅速得出结论。德鲁克还指出了优秀决策者的一个特质，决策者“能意识到，正确的决策来自不同观点的碰撞，来自对竞争性方案的认真考量”。[20] 他说，优秀决策者不会忽视关于达成共识的传统智慧，而是会处理好分歧和异见。他举了通用汽车前首席执行官艾尔弗雷德·P. 斯隆（Alfred P. Sloan）的例子。

> 据说，斯隆曾经在一次高管会议上说过：“我希望我们能就这项决定达成全面共识。”参会的每个人都点头表示同意。斯隆继续说：“然后，我建议推迟讨论这个问题，给大家足够的时间去提出不同的想法，也许我们能更深入地理解这个问题，在下一次会议上继续讨论。”

德鲁克说：“斯隆明白正确的决策需要有充分的异见。”换句话说，他知道，竞争性观点之间的张力可以让我们更好地理解问题的真正本质，由此提出各种可能的创造性解决方案。

显然，没有哪一种决策过程可以完全克服认知偏见和无益的直觉。意识到偏见的存在可以在某种程度上帮助我们更好地决策。然而，我们更需要采用一种决策过程。该过程可以让我们意识到无益的冲突，并有意识地围绕如何克服这些冲突设计出一种解决方案。这一决策过程将对决策结果产生巨大影响。

换句话说，只要我们认为世界就是自己认为的样子，我们的工作就是找到正确答案，并且还要让他人接受它，那么我们就总是会做出糟糕的决定。我们将很容易妥协，采纳现有模式的优点，再接纳其缺点，然后接受次优选择。

为了改变这一结果，我们需要一种不同的方式来认识周围的世界，提出新的更优方案，形成真正的共识同盟。我们需要一种决策过程，它不仅能让我们意识到潜在的思维模型、根深蒂固的认知偏见和糟糕的决策模式的危害；还能提供清晰思考的新工具，帮助我们理解他人是如何以不同方式看待这个世界的，并且让我们有可能提出更好的解决方案。这一决策的 3 个原则是元认知、同理心和创造力，也是第 3 章要探讨的主题。

CREATING GREAT CHOICES

03
优秀的决策过程必须遵循的 3 个原则

你是否知道我心所想，是否喜欢我想讲述的故事。

戈登·莱特富特（Gordon Lightfoot）
加拿大歌手

A LEADER'S GUIDE TO INTEGRATIVE THINKING

2015 年，我们访谈了一些美国中产阶层人士。我们计划与各行各业的人交谈，比如，佛罗里达州的消防员、北卡罗来纳州的教师、伊利诺伊州的货车司机、犹他州的公司培训员，等等，以了解今天美国人的生活状况。通过 Skype 网络电话，我们与受访人交谈了几小时，倾听了他们的故事。

在准备访谈时，我们让受访人选择一个能代表他们对美国看法的工艺品。很多工艺品都是人们熟悉的，有足球、国旗、家庭纪念品、毕业照和名片。我们在中西部的一座城市采访了一位年轻的美发师，她脸上带着温暖的笑容，打扮得非常漂亮。

我们姑且称她为凯莉。采访刚开始时，凯莉向我们提出了一个要求：我们必须向她保证，她说的话不会被扭曲，不会对美国造成负面影响。她解释说，她为自己的国家感到自豪，但担心自己的话有可能会被外人误解，以为自己的国家很糟糕。我们答应了她的要求，她马上放松下来，正式开始了访谈。在做了简短的介绍后，我们的同事奎因·戴维森（Quinn Davidson）让凯莉挑选工艺品。凯莉说："得提醒你们，我的选择有点老套，但它有很深刻的意义。所以，在你们下结论之前……"她停顿了一会儿，然后来到摄像机后面，"这儿，是一把猎枪。我知道，这个选择有点老套"。她挥舞着闪亮的0.30–06 口径的枪。

我们暗暗吃惊，继续采访，希望她做出对枪支权的辩护。

凯莉继续说："我思考过你们的问题，立马就决定了什么物品能让我感觉自己是一个美国人。是的，我是一个拥有枪的美国人，但背后的含义远不止于此。现在美国对枪支权和枪支法有很多争论。我认为，生活在一个可以自由说出感受的国家，是一件非常美妙的事情。"她继续解释说，之所以有言论自由，是因为先辈们勇敢地表达了他们对言论自由的珍视。"我只是认为，这是件很美妙的事情。即便有分歧，人们也可以自由表达自己的看法。"

简而言之，我们本来希望她为允许民众持有枪支的宪法第二修正案做出辩护，结果，她却为关于言论自由的宪法第一修正案给出了深思熟虑、合乎情理的解释。

只要给机会让人们表达，他们就经常出乎你的意料，让你感到惊讶。优秀的决策过程，即标准的决策程序，有 3 个经常被人们忽视的核心原则，其中之一是要为理解及由此产生的同理心创造空间。第一个原则是：我们需要更充分地认识自己的思维过程，了解现有的思维模型及其局限，这就是元认知。第二个原则是：我们需要理解他人的想法，了解我们与他人想法之间的差异，以便促成彼此之间的合作，这就是同理心。第三个原则是：我们需要拥有灵感，一种创造新的更优方案的能力，而不只是在现有选项中做出选择，这就是创造力。总而言之，元认知、同理心和创造力可以为实现更好的决策奠定基础。

原则 1，元认知，更清晰地理解自己的思维过程

元认知是关于思维的思考过程，古已有之。亚里士多德、斯宾诺莎和洛克等哲学家试图解释思维的本质，为元认知奠定了基础。古代思想家圣奥古斯丁在大约 1 500 年前就写下了关于探索思维本质的文字，认为思维是为了了解自身，必然已经在某种程度上认识了自身。至少思维知道自己在了解自身。[1]

所以，人类很早就想理解自己的思维了。但直到 1970 年，发展心理学家约翰 · 弗拉维尔（John Flavell）才将这个概念命名为“元认知”。他把“元认知”定义为掌握关于认知和认知过程规律的知识。所以，元认知就是指理解我们的想法，并控制这种想法。这一概念既包含了自我意识，又包含了自我控制。

和某些人擅长某种技能一样，有些人更擅长使用元认知。无论是通过后天习得还是先天禀赋，有些人更容易、也更有能力思考自己的思维过程。但如其他技能，元认知能力也可以通过不

断的练习和实践反馈，随着时间的推移而练就。问题在于，极少数人正式地练习过元认知，即使练习过，也很少从练习中获得任何反馈，哪怕是在上学阶段。教育工作者已经逐步认识到元认知在学习和成长方面扮演的重要角色，但很少有机会和动力将元认知练习带入课堂。多数国家的学习课程仍然强调学会“知识”，而不是强调学会“方法”。老师们的职责和动机是教学生学会课程知识，帮助学生通过标准考试，而不是鼓励和帮助学生学会学习。所以，多数人毕业之后仍然没有学会如何正确地反思自己的思维过程，更不用说能有意识地用元认知来改进思考，并在生活中更有效地解决问题了。

如何创造不同的选项是我们很感兴趣的领域，我们认为，元认知在其中扮演了重要角色，因为它是我们理解自身思维本质及其局限的一种方式。这意味着，我们需要知道为什么会相信自己的观念，以及是如何相信的。这也意味着，我们不仅要知道自己的结论和行为，还要知道背后的数据和推理过程。思考自己的思维过程是颇有挑战性的，因为很多思维过程是自动、隐晦和抽象的。所以，我们需要工具和框架来深入探究思维过程，更好地理解他人的想法。

哈佛大学管理学家克里斯·阿吉里斯（Chris Argyris）设计了一种工具，并称之为“推理之梯”（the ladder of inference，见图3-1）。[2] 他用一个巧妙的比喻，将建模过程分解成一系列的阶梯式步骤。

图 3-1 推理之梯

阿吉里斯解释说，这个世界充满了数据，即能够直接观察和体验到的可验证性事实。但数据池太庞大，我们只留意了其中很小一部分，而忽略了其他部分。每个人都会基于自己的经验、需求和偏见选择数据。我们这么做是无意识的，没有意识到实际上这是在创造各种选项。

从数据开始，我们就在创造意义了。我们理解信息，赋予其意义。我们还使用逻辑推理，得出结论，构建关于世界的思维模型，得出结论。这些结论的范围很广：我应该辞掉工作；滚石比披头士更优秀；吃肉是错误的；《公民凯恩》（*Citizen Kane*）是史上最伟大的电影；多伦多枫叶队将赢得今年的斯坦利杯。

我们现有的决策过程常常失败的主要原因在于，倾向于以结论为导向。我们为结论进行辩护，但缺乏动力去质疑为什么会相信这些结论；也不会质疑推理过程，注意其中的逻辑错误。更好的决策过程要求我们使数据和推理过程在我们和他人看来更为清晰，要求我们搞清楚如下问题：我们是如何得出某一结论的？选择了哪些数据？是如何理解这些数据的？是如何让具体数据变成抽象推理的？如何让逻辑更清晰，让结论更可靠？

在本书的第二部分，我们将探讨让思维变得清晰的诸多工具。现在，先分享一位小学老师的简单案例。贝丝·格罗索（Beth Grosso）在汉密尔顿中心公立学校教四年级和五年级学生。汉密尔顿位于多伦多西南部，是一座以传统的工薪阶层为主的城市。为了帮助学生发展元认知能力，她运用并扩展了推理之梯，尤其是关于数据池的比喻。

在课堂上，格罗索将数据池变成了一个里面有许多鱼的数据海洋。她在鱼形卡片上写了很多与学生行为有关的事实，并将它们放在教室各处，有的一眼就能看见，有的藏在教室植物的后面，有的则藏在课桌下面。她让学生寻找和收集这些卡片，并基于找到的卡片得出不同的结论。她将一些最重要的鱼形卡片藏得很隐蔽，这些卡片对于讲述整个故事或者对于得出完全不同的结论至关重要。比如，有张卡片可能包含与一个学生有关的事实。有些很容易找到的卡片包含的信息可能是：一个学生甩门而出，气得跺脚，将头趴在桌上。从这些信息中，我们可以推断，这个学生是一个容易发怒的人，或者是个脾气不好的人；我们可能得出结论，认为该学生应该休学一段时间。但如果好不容易找到了一张隐藏起来的卡片，上面写道：这个“生气”的学生在课间休息时被戏弄，那么我们就会推断这个学生会感到沮丧和紧张，并得出结论，他需要得到帮助和建议，而不是得到惩罚。

格罗索的做法让学生们开始思考关于自己的“鱼形卡片”，这些卡片的内容反映了他们的思维模型。这种思考还让学生们意识到，理解他人的想法与理解自己的想法同样重要。格罗索在整个学年反复使用数据海洋和推理之梯的比喻，直到使用元认知成为学生们认知现实和自身思维方式的第二天性。正如格罗索的一个学生所说，“刚开始的时候，使用这种方法真的非常不容易，可一旦你习惯了，就很简单了”。[3]

推理之梯是思考思维过程的一种有用的工具，可用于任何情境的思考。使用这种工具能帮助你更清晰地了解自己的思维方式。它也是应用整合思维所需的元认知工具。

整合决策练习
CREATING GREAT CHOICES

我们经常给学生指派这项任务：找出自己的一种坚定信念，但它不至于重要得一旦被质疑，就会影响你的生存。为这一信念描绘出一幅阶梯图，包括你的结论、支持理由和数据。然后，在网上搜索并研究与你的信念相反的观点，再为这一观点描绘出一幅阶梯图。比较这两个阶梯的清晰性、逻辑度，以及它们给你的感觉。在这一过程中，反思你的想法和感受。你从中发现了什么吗？本章结尾处有空白的模板（见图 3-2 及图 3-3），它们能帮助你完成这一练习。

元认知是成功决策的重要基础。要想创造更好的选项，我们需要一种能让我们或者迫使我们清晰地了解自己推理过程的方法。格罗索的学生们学到的最重要一课就是，我们的思维过程可以帮助自己理解他人想法的重要性。当我们逐渐意识到对世界的认知模型存在先天的偏见和缺陷时，就更容易理解为什么别人会珍视某些事物，而我们却不会。找到这些鱼形卡片并从数据中构建阶梯的关键在于，拥有对他人的好奇心和同理心。

原则 2，同理心，有目的地理解他人的想法和观念

同理心是非常可贵的品格。它是一种体验事物的行为，能让我们对他人的体验感同身受。同理心与喜欢他人、善待他人，以及认同他人对世界的认知模型不是一回事。它是想要真正理解他人及其想法和感受。

为了更深入地了解同理心的本质，我们有必要花时间区分同理心和同情心。假如有一个朋友告诉你，她的母亲刚过世，你可能会用同情心或同理心做出回应。同情心是你为朋友感到难过、伤心，因为如果你的母亲去世，你肯定会感到难过。相反，同理心认为，悲伤只是对去世的一种回应方式，朋友也可能对此感到愤怒，或者感到解脱，因为她母亲的痛苦终于结束了，或者感到麻木冷漠。同理心不是指你会对他人面临的某种境况有什么感受，而是指你能否体会到朋友当前的真实感受。

拥有同理心不容易，但我们在生理上具备一定的优势。形成同理心的要素似乎通过神经元连接大脑。一个神经元就是一个神经细胞，通过电子和化学信号处理与传递信息。神经系统有大量的神经元，它们有两种类型：第一种是感知神经元，从外界接受刺激，并发送信号给大脑的不同部分；第二种是运动神经元，从大脑的不同部分接收信号，然后让肌肉收缩或伸展，使得我们能以各种方式运动。如果你正在捡起一个球，而我们正在扫描你的大脑，就会看见你的神经元在“燃烧”。随着神经元发送和接收信号，你大脑的某些部分会被激活。

根据科学家贾科莫·里佐拉蒂（Giacomo Rizzolatti）领导的团队的研究成果，当我看你捡起球时，我的大脑也会“燃烧”。我大脑中“燃烧”的神经元跟你大脑中“燃烧”的神经元是一样的，[4] 就好像我亲自捡球一样。这就是同理心的核心概念：“就好像”。我理解你的感受，就好像我就是你。

这些镜像神经元的存在意味着，有些基本的同理心是自动发生的。你可能经历过这样的同理心体验：朋友告诉你他昨晚做饭的事，说他在切菜的时候走神了，锋利的菜刀割破了手指。多数人听到这个故事时，心里都会“咯噔”一下。我们似乎看到了菜刀，甚至感受到了被刀割的痛苦。当我们听到这类故事时，肾上腺素会上升，尤其是这些故事非常有画面感时。当我们听到他人的遭遇时，就会将自己的感受与他人的感受联系起来，同理心就会自动发生。

然而，我们在上文已经讨论过，更高级的推理过程会破坏同理心。认知偏见会使我们对那些与自己相似的人感同身受，而很难对与己不同的人产生同理心。显而易见，这种特殊的偏见是世界上很多恶行产生的根源。人类是复杂而有缺陷的动物，所以只是依靠自发的同理心不足以产生整合思维需要的全面理解，也就无法创造出更好的选项。

要想创造出更好的选项，我们需要培养可以掌控的同理心，有目的、有意图地理解他人和他们的感受。对他人感到好奇，愿意站在他人的角度去看待世界，是我们真正与之合作并利用不同观点的关键。虽然要做到这一点不容易，但我们可以掌握一些非常有用的工具。不过，要先探讨设计思维能给我们什么启发。

设计思维必须从理解开始。在多数情况下，为了设计出优秀的产品或体验，研发团队就是终端产品的用户（通常也是潜在用户）。为了了解用户的需求，设计过程要从深入理解客户的背景、行为和经历开始。在理解用户并形成同理心方面，设计者经常会使用一些工具。根据人类学研究的惯例，这些工具分为三大类。

1. **观察**。这是在自然居住环境中密切观察人类行为的过程。在商业领域，观察包括入户拜访客户，比如观察一位父亲是如何打扫房间的；观察包括观察购物行为，比如通过跟随客户购物或者回看购物录像的方式观察。在很大程度上，人类学研究使用观察法，就是希望能发现人们不同寻常的行为，比如，侵入一个系统，使其为他们所用。

2. **参与**。理解来自直接与他人交谈，询问对方生活中的事。故事非常重要，因为它有助于阐述真实的生活，比你直接询问更能了解对方的人生。比如，在访谈美国中产阶层的研究项目中，我们希望听到经济和政府对个人生活、家庭、教育和美国梦产生影响的故事。这些故事包括参加市民会议、被裁员、在工作中经历种族歧视，让我们更多地了解了接受访谈的美国民众的人生经历。

3. **感受**。有时，形成理解和同理心的最佳方式就是真正感受他人的经历。如果你正在重新设计一个流程，那么可能会站在客户的立场上去设计它，避免曾经犯过的错误。当然，有时不太可能对你非常熟悉的事物产生新的体验；或者由于根本不知道这种体验意味着什么，所以根本感受不到。在这种情况下，你可以借鉴设计和创新公司 IDEO 的一些做法。IDEO 的员工经常为形成应景的同理心而构建模拟体验方案，比如，为了帮助某些电信公司的高管们理解客户在电信公司营业厅感到的困惑、茫然无措，IDEO 就让他们去为自己的女儿购买口红。这是一项极大的挑战，因为他们对口红一无所知，但在他人的帮助下，还是完成了任务，这让他们最终学会站在客户的立场体验同理心。

整合决策练习 CREATING GREAT CHOICES

阅读小说能增强同理心。在最近的一项研究中，我们的朋友马娅·吉基奇（Maja Djikic）和她的合作者基思·奥特利（Keith Oatley）证明，阅读小说多的人更擅长"阅读"他人的情绪。[5] 阅读小说还能使我们更有可能做出利他行为，比如，帮助研究人员捡起掉在地上的钢笔。阅读浪漫主义小说最有可能增强同理心，所以，赶快开始阅读《傲慢与偏见》吧。

这3种人类学工具都能帮助你形成理解和同理心。每一种工具都可以用于客户、同伴，甚至用在家人身上。你用这些工具用得越多，就越能形成同理心。你将发现自己对他人的好奇心逐渐增强，尤其是当他们对世界的看法与你不同时。

同理心不是单向行为。你越对他人开放，感到好奇，他人也就越有可能对你开放，感到好奇。这是你充分利用人性中认知偏见的机会。根据社会心理学家的说法，我们都遵循共同的互惠原则。也就是说，人们应该以同样的方式报答他人给予自己的恩惠或帮助。那些违反了这一原则的人不仅可能面临舆论的谴责，还会感到内疚，感到始终对他人有所亏欠，直到报答了他人，这种感觉才会消失。这就是为什么在持续的交往中，人们不会粗暴对待那些善待自己的人。类似地，如果表达出对他人的同理心，我们就更容易获得他人回馈的同理心。

缺乏同理心很容易产生狭隘、单一思维的解决方案。只有拥有同理心，我们才能用心理解他人的想法，真正从他人的见解中学到新知。因此，同理心成为用整合思维产生更好选项的第二大关键原则。运用整合思维的第三原则是，共同协作产生的创造力，与他人合作，找出解决难题的新方案。

原则 3，创造力，寻找新方案，拥抱独特性

> 灵感直接从上帝那里流入了我的脑海，我不仅通过思维之眼看到了独特的旋律，还看见这些旋律有着美妙的形式、韵律和结构。
>
> ——德国作曲家约翰内斯·勃拉姆斯（Johannes Brahms）

孤独的创造天才拥有瞬间产生灵感的天赋，能提出改变世界的新思想。这些突发灵感的场景是：约翰内斯·勃拉姆斯在钢琴旁，史蒂夫·沃兹尼亚克（苹果公司创始人之一）在洛斯阿图斯的车库，托马斯·爱迪生在加利福尼亚州门洛帕克的工作台上。也许，对少数幸运儿而言，这就是创造力产生的方式。

那么，普通人想要拥有创造力，该怎么办呢？如果你把上述创造力的产生方式当成唯一的希望，那就不要抱有幻想了。诚然，人人向往拥有这样的创造力。这个迷思让很多人认定自己不是有创造力的人。真实情况是，创造力不仅仅是孤独天才专属的能力。舞蹈家和编舞家特怀拉·萨普（Twyla Tharp）说："创造力并不是艺术家独有的，商务人士找出新办法提高了销量；工程

师解决了工程难题；父母让孩子以不同的方式看待世界，这些都是创造力的表现。”[6]创造力不是一种天赋，也不是单打独斗的行为，它需要付出艰苦的努力，需要团队通力协作。它是我们每个人都能培养的能力。

拥有创造力的一个关键因素，就是要做反直觉的事情。在2008年的TED演讲上，IDEO公司首席执行官蒂姆·布朗给观众布置了一个任务：在30秒内给坐在自己身旁的观众画像。话音刚落，观众爆发出一阵笑声。布朗问：“我听到了有些人在说‘不好意思’，是吗？那就是你对成年人做这种事时会做出的反应，你会说很多的‘不好意思’。”[7]他指出了这项任务的关键点：观众们都感到了尴尬。人们不仅在这次简单的绘画任务中感到尴尬，在生活中也经常遇到，这是因为人们害怕别人评判自己。

这种恐惧妨碍了我们在会议中分享自己的看法、接受新的任务、推动自己学习新事物。这不是因为提不出想法，而是因为我们对他人的评价过于敏感，情愿把想法藏在心里。这也不是因为不想学习新事物，而是因为我们更喜欢做自己擅长的事情，不太擅长做新的工作。我们的尴尬与孩子们的反应形成了鲜明对比，孩子们很高兴地接受了为他人画像的任务，并很乐意分享他们的画作。每个人在小时候都是有创造力的，是生活让我们远离了它。

所以，我们需要一些工具来帮助我们重新回到5岁的内心状态。有些工具是关于如何重建对创造力的信心的。而重建自信的关键就是要理解心理学家艾伯特·班杜拉（Albert Bandura）的“自我效能”概念：“相信自己能带来改变的人更有可能实现自己设定的目标……具有自我效能的人会把眼光放得更高，付出更多努力，更有耐心，并在失败面前更有韧性。”[8]部分原因在于，培养创造力的过程就是培养自我效能的过程：相信自己能够具有创造力，并且愿意去尝试。

很少有企业将培养创造力当成工作目标。尽管领导者口头上都喜欢谈论创造力，一旦考虑到风险和现代企业的成功标准，他们就不太愿意去做了。我们的标准决策过程就是为了达成一种可行的、现实的共识，而这种共识并没有多少创造性可言。

要想改变这样的决策现状，我们必须重新定义创造力，把创造力看成是每个人都能拥有的能力。我们需要让每个人都可以表达自己看法的决策流程。通常，当面临艰难决策时，多数人都会认为，决策目标是要从各种选项中挑选出正确的那个选项。然而，与此相反，更合理的决策过程应该是重新定义决策目标：决策不是为了挑选出一个选项，而是为了提出一个更好的方案，从而有效地解决问题。

在具备了自我效能并重新定义了决策的情况下，创造力就变成了一个寻找实际方法的问题，你要自己或与他人一起在日常决策中产生创新方案。下文的 5 个原则可助你培养提出创新方案的能力。

1. **从要解决的问题入手**。创造力不会凭空产生。清晰定义要解决的问题能够激发创造力，并能为潜在的解决方案提供有益的参考。这就是设计思维能力的核心问题："我们要怎么做，才能……"我们要怎么做，才能提升这类商品的销量？我们要怎么做，才能留住最具潜能的员工？我们要怎么做，才能以一种有说服力的新方式满足客户需求？清晰地界定问题是非常重要的一步，它为提出创新方案创造了条件。
2. **避免从头开始思考**。对于解决问题最流行也最无用的建议是"摆脱固有思维"。通常，这意味着你应该从第一性原理出发，从头开始思考如何解决问题。然而，在没有信息输入的情况下进行创造会将你置于不利境地。为什么不利用手中的所有资源，将现有的认知模型作为激发新想法的素材呢？玛利亚·波波娃（Maria Popova）说："为了真正创造世界，为世界做出贡献，我们必须要将很多事物联系起来，将不同学科的思想融会贯通，重新组合这些思想，从而建造起新的城堡。"[9] 将创造力理解为连接和重组事物，使得从头开始思考不仅毫无助益，而且实际上效率很低。所以，放弃这种想法吧。
3. **学会沙里拣金**。产生创新方案最重要的一个因素就是迟下定论。否则，当某个想法被否定后，人们不会接着提出更多的想法。疯狂、愚蠢、糟糕的想法也有好处，其中包含了好想法的种子。为了在课堂上阐明这一点，我们经常会展示一张方形西瓜的图片。当然，这张图片很荒谬。西瓜的形状应该是圆形的，这是西瓜的特点之一。但是，椭圆形的西瓜很难运输和存储，也很难切开。而方形西瓜其实是一个更棒的主意，只要在方形盒子中种植西瓜就能长出方形西瓜。有些想法初看是坏点子，但实际上蕴藏着价值。

4. **构建想法**。纸上谈兵对于产生新想法没有多大帮助。我们可以再次向设计界学习，他们并非只是空谈，还会制造样品。这些模型是对想法的描绘或建模，使想法变得既具体又可验证。尽管打造物理模型也许不太适合解决某些战略问题，但可以使用故事脚本、角色扮演，甚至以讲故事的方式阐述新想法。关于这些方法的更多探讨，见第 8 章。

5. **保持耐心**。这个世界是行动的世界。这种看法在工作中产生了这种后果：希望迅速得出明确结论，以便迅速开展工作。这种思维模型认为，行动是第一位的，思考是第二位的。“不要想太多，沿着关键路径前行。”我们经常听到高管们抱怨，他们没有时间思考。他们很少意识到，是否花时间思考是可以选择的。而认为自己没有时间思考，是一种自我封闭和自我限制的思维模型。如果我们认定没有时间思考，就真的不会花时间思考。就创造力而言，时间是一个关键要素。这并非意味着为了做出优秀决策，要一直不断地思考。相反，要给自己思考其他想法的时间，多一些耐心，使新的想法能够在思考过程中涌现出来。

整合决策练习
CREATING GREAT CHOICES

为了体验糟糕的想法也能产生良好的结果，可以让团队做这个练习。先进行头脑风暴，尽可能地想出糟糕的新业务模式，比如让香水闻起来像垃圾的味道。然后，两人一个小组，选择其中一个糟糕想法。每组有 5 分钟时间，基于这个想法提出一种新的商业模式，并解释为什么这个糟糕想法能成为非常棒的、可以赚钱的好想法。例如：那种香水可以结束一场糟糕的约会，或者可以在拥挤的地铁上疏散开一点空间。

我们相信元认知、同理心和创造力能为决策提供有效的方法。从理论上讲，有很多方法都可以利用这 3 个原则。在实践中，整合思维本身就包含了这些原则。用好这些原则，你将成为一个更优秀的整合思维者；反过来，通过运用整合思维，你的元认知、同理心和创造力也将变得更出色。

整合思维是创造新的解决方案和设计优秀选项的过程。我们用它替代现有决策过程。因为现有决策过程不利于我们思考，放大了偏见，破坏了团队中的人际关系，并且极大地削弱了创造力。过去十年，我们已经打磨出了一套方法论。这套方法论可以帮助我们有意识、有针对性地运用整合思维。当然，它不是一种单一而有效的方法，而是一种启发式的方法：运用经验法则帮助你在工作中解决难题。采用这种方法不一定每次都能产生解决问题的创新方案，但它能让你有清晰的路径可循，能提高你提出创新方案的概率。在本书第二部分，我们将深入而具体地探讨该方法的每一个步骤。

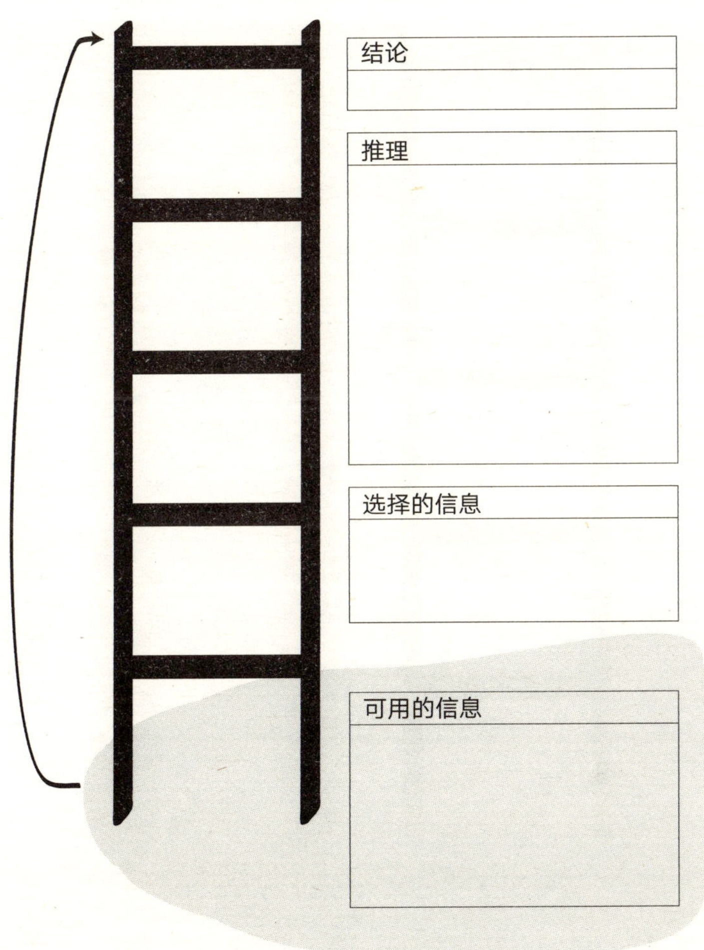

图 3-2　模板：推理之梯

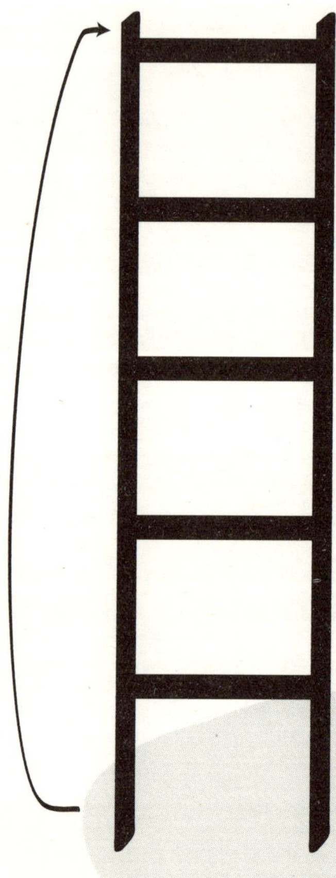

结论

给我的产品换个包装！

推理

- 我最好想出一种办法来体现这款产品的“新意”
- 增量客户会受到产品“新意”的吸引
- 如果我能让客户相信产品的确有“新意”，那他们购买竞争对手产品的可能性就会降低
- 上司想要实现销售增长，但做到这一点很难，因为客户已经对老产品不感兴趣和失望了

所选择的信息

“我们需要增长。”

“有时我认为我宁愿选择新产品。”

“没有发生真正的改变。”

可用的信息

研发线的评估：“对这款产品进行创新，需要 18~24 个月。”

上司的看法：“我们需要现有产品在下季度实现增长。”

客户的看法：“我喜欢这个品牌，我每次都会买它。有时我希望产品能有创新，但我还是喜欢这款产品。”

图 3-3　案例：推理之梯

CREATING GREAT CHOICES

A LEADER'S GUIDE TO INTEGRATIVE THINKING

第二部分

利用整合思维做决策

CREATING GREAT CHOICES

04

整合决策的 4 个阶段

我说的是真的，你们只需知道我选择了自己的命运。在途经人生之路的分叉口时，我没有犹豫径直向前。

JAY Z
著名说唱歌手

A LEADER'S GUIDE TO INTEGRATIVE THINKING

Jay Z 是一个整合思维者吗？这位说唱歌手、制作人和企业家肯定是一个非常成功的领导者。他卖出了 1 亿张唱片，获得了 20 多次格莱美大奖，赚取了超过 6 亿美元的个人财富。但几乎没有人从做决策的角度来思考他的成功之道，直到我们的 MBA 学生亚当向我们提供了 Jay Z 的回忆录《解码》（*Decoded*）的节选。亚当相信这位歌手正是我们在课堂上谈论的整合思维者。

有什么证据吗？Jay Z 在回忆录中，探讨和解释了他的歌词，包括在《叛徒》（*Renegade*）这首歌中关于“在途经人生之路的分岔口时，我没有犹豫径直向前”的韵律。他写道：“我喜欢这样一种想法，不要被迫选择你肯定会失败的糟糕选项，而是要选择你自己认定的路。在岔路口，我面临两个选择，一个是衣服口袋里啥也没有，一个是衣服口袋里装满了毒品。我径直前行，不再贩卖毒品，也不会在贫穷和犯法之间做出选择。我发现自己找到了人生道路，走上了音乐之路，我希望帮助他人也能发现自己的路。”[1]

从这段文字中，亚当敏感地意识到 Jay Z 具有整合思维。Jay

Z 和 A. G. 雷富礼与伊萨多 · 夏普使用了同样的方法，只不过人生经历不同而已。就像其他优秀的首席执行官一样，Jay Z 开始理解自己面临的选择，拒绝了现有选项，并试图找到第三条路。虽然没有见过 Jay Z，我们还不敢保证说他就是整合思维者，但亚当提供的例子很有说服力。我们的学生、同事和朋友列举了很多的整合思维者，Jay Z 是其中最有名的一个。自从我们开始讲授整合思维，人们说他们在巴拉克 · 奥巴马、比尔 · 盖茨，以及自己的选择中都发现了整合思维。

当然，认定某种方法是取得成功的原因，从理论上讲可能站不住脚。但确实尽管有些领导者的背景和职位不同，却依然找到了正确的方法，拒绝在现有选项中选择，并能为自己和团队提出更好的解决方案。同样很明显，这些领导者并非有意以不同的方式思考，也没有透彻地理解自己提出更优方案的来龙去脉。对有些人而言，比如，对于 Jay Z，这个选择似乎是在面临困境时的一种意志行为。而对另一些人而言，解决问题需要耐心、反复的尝试。无论是哪一种方式，我们研究的领导者中很少有人曾经学习过如何以整合模式进行思考，即系统和反复的训练。

挑战在于，如何将成功的案例转化为方法论。我们主要通过试错法，提出了一种思考问题的过程。这一过程能让你拒绝错误选项，为提出更优选项找到适合自己的方法（见图 4-1）。过去 10 年，在观察学生们和高管们分别用该方法解决难题、迎接巨大挑战的过程中，我们对这种方法进行了完善。

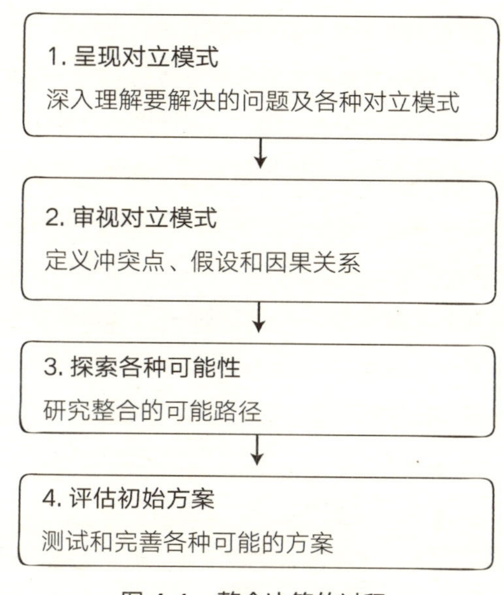

图 4-1 整合决策的过程

整合决策的过程有 4 个主要阶段，每个阶段又有若干子步骤。本章将整体阐释过程，第 5～8 章深入探讨每个阶段的做法。

毫无疑问，整合决策始于研究对立模式。第 1 阶段就是要呈现对立模式，以明确问题，梳理出两种对立模式。第 2 阶段是审视对立模式，认真深入地研究这两种模式，发现其中的冲突。这两个阶段需要运用元认知和同理心，这样才能理解问题的本质，分析你对问题的思考，深入理解为何他人的看法与你不同。

在第 3 阶段和第 4 阶段，你将从理解对立模式进入提出新模式阶段，从两种对立模式中创造性地提出比前两者都更出色的方案。第 3 阶段的任务是要探索各种可能性，找出哪种整合方案是可行的。这是发散性思维过程，你需要研究各种不同的解决方案。第 4 阶段的任务是要评估初始方案：在进入下一步之前，测试各种不同的方案。最后这个阶段是为了提出创新方案，该方案不仅本身是很简练的，而且还具备实践上的可行性。彼得·德鲁克说，除非某个决策能被转化为行动，“否则该决策最多只能说是一个好主意”。[2] 这两个阶段非常依赖创造力和同理心，你需要与他人一起提出各种新方案，并进行用户测试。

初看整合决策过程似乎是线性的。然而，在实践中，过程肯定没有那么简单。通常，最好的方案产生于关键的子步骤，当你的理解有了变化和深化后，再返回之前的阶段。迭代是整合决策过程重要的内在组成部分。

第 1 阶段，呈现对立模式

你需要定义面临的问题。快速界定，不要咬文嚼字。评判问题界定得恰当与否的唯一标准，就是该问题是否是团队认为值得去解决的问题。然后，你需要明确针对这个问题的两种极端而对立的解决方案，把这个普通的问题变成两难困境。

为了更好地理解这一过程，我们举一位好朋友的例子。这位好朋友被任命为一家金融服务机构的首席学习官。他在几年前从业务部门加入了人力资源部门，但他并没有任何正式的与培训工作有关的工作经验。他面临的最大挑战在于，需要处理公司总部培训团队与其他各职能部门和分支机构的领导者之间的冲突。这个冲突持续很长时间了，各方都想控制培训议程和资源。问题在于，如何在大型跨国机构中通过协作方式更有效地进行培训。这位朋友提出的对立方案是：一是将所有培训资源和执行集中在首席培训官的手中；二是让培训完全去中心化，让各职能部门和分支机构去执行。

当然，除了这两种方案，还有很多其他培训模式。在实践中，如果我们列出了两种极端对立的方案，那么其他很多方案就会处于这两者之间。在这个案例中，很多培训解决方案就会处于“集中培训”和“分散培训”之间。我们发现，探索两种极端对立的选项之间的根本冲突，会让产生创新方案的关键信息更容易浮现出来。所以，讨论应该从探索极端对立的选项之间的冲突开始。

接下来，很重要的工作是要清晰地阐述这两种极端模式，以便观察者理解每种模式的本质。这意味着，需要花费时间和口舌来解释每种模式在实践中会产生什么效果。在这个例子中，集中培训意味着，所有的培训项目和内容都要在总部完成，并由总公司来安排培训顺序；而分散培训意味着，为每个业务部门和分支机构提供资金与资源，让它们通过属地化培训解决遇到的具体而紧迫的问题。对这两种模式的简要描述让公司上下都能清晰地理解它们。当然，如果能更深入地了解两种模式的细节，那将对决策更有帮助。

了解了对立模式后，就要依次探讨每种模式，试图理解其运作机制可能的后果，以及为什么这些后果会产生重大影响。图4–2和图4–3简要显示了集中培训和分散培训各有哪些主要好处，可以为决策的核心利益相关人提供参考。创建这些图是深入理解对立模式的一个过程，可以更好地展现它们为核心利益相关人提供了哪些信息，帮助你理解为什么有些人会认可某种模式产生的后果。

员工	总部人力资源部门	公司
- 跨领域培训的机会 - 个人成长 - 新的工作技能→ 可以应用于更多的新工作，有更大的进步空间 - 平等的培训机会 - 公平 - 机会 - 人脉网络（通过集中培训，建立更广的人脉网络） - 新想法 - 拥有全业务范围的视角 - 清晰（同样的信息传递给企业所有的员工）	- 掌控培训内容（确保信息统一） - 我们只传递统一的信息 - 更好的整体培训质量和条件（通过共享优秀的组织者和培训师） - 能更有效地比较不同培训项目的质量 - 持续地改进 - 使得培训规划和薪酬调整更明确	- 增强整个公司的企业文化 - 连接公司各部门 - 由于有规模效应，标准化提高培训效率，所以整体培训成本更低 - 可以让培训针对公司整体的经营和培训目标，从而产生更好的经营业绩

可靠性：能确保公司总部和全球分支机构获得统一的培训效果

图 4-2 集中培训意味着什么

员工	总部人力资源部门	公司
- 根据具体需求定制培训项目 - 符合具体需求，更容易将技能与具体的工作相结合，并能学以致用	- 更有效地满足不同部门的需求 - 在部门层面获得更高的满意度	- 在培训内容、培训时间及培训方式方面，更具灵活性 - 快速满足业务部门的具体需求
- 属地培训是一种更快、更简单的方式 - 不用舟车劳顿 - 干扰因素更少	- 减少行政工作的集中度，有更多时间关注核心战略行动，或者更高级的培训项目	- 能够激发沟通，分享最佳实践案例
- 扩大人脉网络，通过解决属地化问题，与同事建立更亲密的关系 - 一起学习技能，强化记忆	- 有机会就各自的培训目标与职能部门和业务部门沟通合作 - 可以学习新事物，提升专业能力 - 可以与各部门有更紧密的联系，建立个人的人脉网络	- 每个培训项目的成本更低，比如，差旅费更低
- 可能会有组织培训项目的机会，锻炼个人组织能力		

有效性：培训效果能满足各职能部门和分支机构的需求

图 4-3　分散培训意味着什么

你可能会认为，集中培训能降低成本、加强控制、保证效果统一。它可能会强化整个企业的文化，将不同职能部门和分支机构部门的个人联系起来。相反，分散培训更适应市场需求，能提升业务部门的业绩、提高培训效率、增强团队的凝聚力。所有这些效果都是很有价值的。如果只选择其中一种模式，就放弃了另一种模式的很多优势。你希望充分利用两种模式的优势，所以必须进入下一个阶段。

第2阶段，审视对立模式

整合决策是指利用对立模式之间的张力提出新的方案。所以，在呈现每一种模式之后，接下来就要整体审视这两种模式，通过探索式的提问抓住它们之间的冲突。不必列清单依次提出这些问题，可以围绕这两种模式进行深入的对话。

首先，自问这两种模式有哪些相似之处和不同之处。在这个例子中，建立人脉关系是集中培训和分散培训都具有的优点。分散模式的优势在于，能与亲密的同事建立更深的关系；集中模式的优势在于，它能满足公司不同部门的培训需求。不同的员工会如何评估这些不同的优势呢？在差异方面，你可能会注意到一种模式具有的优势，比如，集中模式的成本优势是分散模式不具备的。这些差异对于做决策意味着什么呢？

其次，思考不同模式中的哪些因素是你最看重的。对于这个问题，团队中的不同员工会有不同的看法。有些员工可能会强调灵活性和统一性；有些员工可能会强调培训能否提高业绩，能否降低培训成本。在这一阶段，要注意到员工的不同偏好，以根据这些偏好，提出更好的不同方案。

再次，针对呈现的模式及其优势提出问题。你需要问，是什么因素造成了两种模式之间的冲突。在这种情况下，你可能会注意到，集中模式能让整个企业保持培训内容的统一，而这一优势是与满足属地需求的分散模式相冲突的。我们很难既拥有统一性，同时又能满足属地需求。如果要试图提出更好的方案，就应该仔细考量这种冲突。

最后，探究隐藏在每种模式背后的假设。分散模式背后的假设可能是：每个区域的员工对周围的同事，比对其他区域的同事会更熟悉一些。集中模式背后的假设可能是：企业的培训需求只有在整个企业层面来执行才能得到理解和满足。不过，要是这些假设并不成立呢？那么你认为不成立的原因会是什么呢？

你可能还会问这两种模式包含了哪些因果关系。比如，你可能会探究自律与学习之间的关系，可能会问属地决策能在多大程度上提升执行效率，可能会设想每一种模式会产生什么样的学习效果。通过研究这些因果关系，你就可以开始预测创新模式的效果了。

所有这些问题都意在深入挖掘不同模式的优势和劣势，以及人们是如何以不同的方式理解它们的。这些问题还有助于你了解每种模式中要素的各个方面，从而让你在构建创新方案的时候不至于失去关键信息。

第3阶段，探究各种可能性

整合决策的第3阶段标志着一个转变。在定义和审视了对立模式之后，你试图将各种信息整合成一种新的更优方案。实现这一目标的一种方式是，反思思考过程，并提出一些简单的问题，比如，如何才能将不同模式中的优势整合进一种新的模式，从而更好地解决问题呢？这个新方案会是什么样的呢？例如，首席学习官可能会问："我如何才能构建一种既有灵活性又有统一性的培训模式？"

探究各种可能性并不容易，需要创造力、洞见和一些运气。当创新方案还没有眉目或者时间很紧迫时，你可以提出如下3个指导性问题，以便探究可能性。

1. **如何才能充分利用每一种模式的优势，同时放弃每一种模式的其他要素，从而提出新的更优方案？**

    此时，需要明确每种模式的一个优势。比如，分散模式的一个优势是"为特定需求定制培训内容"，集中模式的一个优势是"规模效应能降低培训成本"。然后问自己，如何才能以一种新的、有趣的方式将这两种优势有效结合起来，同时不考虑现有模式中的其他因素。比如，在线培训模式是否可以既降低成本，又能满足不同区域的定制需求？

2. **在什么情况下，一个模式的改进版能具备另一种模式的核心优势？**

    假设你希望新模式具有对立模式中的某项重要优势，也许你非常看重集中模式带来的企业文化团建效果，那么如何让分散模式也能增强公司核心文化呢？比如，一种高度分散的培训模式是否可以形成和增强个体自律的企业文化呢？

3. **如何能以一种新的方式分解问题，让每种模式的优势都能应用于该问题的不同方面？**

在这种情况下，你可以探究如何从不同的角度思考问题，根据问题的不同方面，将问题进行分解，并将对立模式应用于问题的不同方面。比如，你可能会根据不同的任务或时机将培训问题分解成不同的方面来看待。在任务方面考虑：培训的方案设计和具体执行是否能够分开，以充分发挥集中设计和分散执行的优势。在时机方面考虑：入职培训是否与在职培训不同？新的培训项目是否与已有的培训项目不一样？

当团队认真思考并回答了这 3 个问题，并产生了好几种新的方案时，同时这些方案都比最初的模式更有助于解决问题，那么，就可以进入下一个阶段了。

第 4 阶段，评估初始方案

整合决策的最后一个阶段是检验提出的各种新方案，放弃或完善它们。检验新方案最简单的办法就是与客户分享你的想法，越清晰越具体越好。在这个培训案例中，客户就是员工，培训组织者可以让员工对初步的新方案提出反馈意见。可以用展现效果图或者角色扮演的方式分享新方案。

无论采用哪种具体的检验方式，在这一阶段，目标就是设计科学的检验程序，以了解各种新方案在实践中的运作方式，以及每种方案解决问题的有效性。在这个培训案例中，除了早期的共同探讨和反馈环节，还需要设计一个培养培训师的试点项目，计算各种新方案的成本，进一步评估执行不同的方案会产生哪些不同的培训效果。

在提出和检验新方案过程的尾声，要仔细浏览分析报告，决定最终采用哪种方案，然后进入执行阶段。这是非常重要的决策点，团队需要评估检验结果，评估相关风险和各种可能性，最终做出决策。团队不可能有绝对的把握知道选择的方案是否会获得预期的效果，但第 4 阶段的目的是为了提升团队的信心，使最终选择的方案能够得到不折不扣的执行。因此，团队需要达成真实而合理的共识。

总而言之，4 个阶段构成了整合决策过程：呈现解决难题的各种对立模式；深入研究并真正理解这些模式；提出新的模式，其中既具备原有模式的优势，又超越了它们，从而消除了对立模式之间的冲突；检验可能的新方案，为执行新方案建立信心、培养热情。

第 5 ～ 9 章将深入细致地探讨整合决策过程的每一个阶段，分享来自学生、朋友和同事的个人故事与案例，阐明实践中的每个阶段。在执行整合决策过程时，请记住，整合决策是一种经验法则，而不是一个简单有效的处方。但只要认真应用它，你就很可能提出创新方案，解决具有挑战性的难题。最终，你的目标就是发现宝洁首席执行官戴维·泰勒（David Taylor）常说的“第 3 种更好的方案”，这种方案远比最初的其他方案更出色。

CREATING GREAT CHOICES

05

第 1 阶段，呈现对立模式，让问题变成两难困境

A LEADER'S GUIDE TO INTEGRATIVE THINKING

2013 年年初，罗特曼商学院安排詹妮弗·里尔在一个高级健康领导力项目中担任讲师。詹妮弗·里尔在项目开始前的最后几天才接到了邀请，有点紧张。这是詹妮弗·里尔第一次将我们的整合思维理论应用于健康护理领域。她担心常见的商业案例可能不会引起医生、护士和其他健康专业人士的共鸣，所以，向朋友梅拉妮·卡尔（Melanie Carr）寻求建议。卡尔是一位精神科医师，在整合思维理论发展的早期曾与我们有过重要的合作。卡尔在类似的健康护理项目中已经讲授整合思维好些年了，她的建议很明确：一定要避免讲述公司案例，而要尽可能讲与健康护理有关的案例。她还提出了一个经典案例：疫苗。

对多数人来说，疫苗代表了过去一个世纪以来医学发展最重要的成果之一。在 1994 年至 2013 年出生的美国新生儿中，疫苗预防了 3.22 亿人生病、2 100 万人住院、70 多万人早亡。[1] 以往，每年有 400 万人感染麻疹。由于在 1963 年发明了有效的疫苗，并且医护专业人士为接种该疫苗做了大量普及工作，美国疾病控制与预防中心（CDC）在 2000 年宣布，麻疹病已经被彻底根除。

然而，事情并没有那么简单。就在官方宣布之前，安德鲁·韦克菲尔德（Andrew Wakefield）在《柳叶刀》杂志（*Lancet*）上发表了一篇文章，认为接种 MMR 疫苗（麻疹 [Measles]、腮腺炎 [Mumps] 和风疹 [Rubella] 的联合疫苗）与患自闭症有关。[2] 尽管该文章后来被证实是伪科学，韦克菲尔德也被禁止执医，但该事件引发了一场反疫苗运动。从那以后，反疫苗运动越演越烈，诸如小罗伯特·肯尼迪（Robert Kennedy Jr.）和珍妮·麦卡锡（Jenny McCarthy）这样的名人都公然质疑常规疫苗及 MMR 疫苗的安全性。

这导致有些父母不敢让孩子接种疫苗了，虽然未接种的孩子很少，但这一状况令人担忧。全美的疫苗接种率超过 90%，但有 17 个州的 MMR 疫苗接种率低于 90%，这意味着这些州达不到群体免疫的标准。因为至少有 90% 的接种率才能保护整个社区免受潜在疾病的传染，包括那些年龄太小或者体质太弱不适合接种疫苗的孩子。[3] 耐人寻味的是，低疫苗接种率出现在很多地方，包括免费接种的地区。在富裕的加利福尼亚州马丁郡，幼儿园的孩子中只有 84% 的孩子接种了所有疫苗。[4] 在石油资源丰富的加拿大艾伯塔省，麻疹疫苗接种率不到 86%。[5] 这两个地区最近几年都爆发了麻疹疫情。在反疫苗运动浪潮下，麻疹病卷土重来。

根据所有这些事例，詹妮弗·里尔相信，疫苗问题可以作为探讨对立想法的绝佳案例，所以她很高兴地对整个教室的医护人员宣布，下午的讨论主题就是疫苗之争。学员们先是一愣，然后一个洪亮的声音从教室后面传来："不好意思，可是现在对于疫苗已经没有争议了啊！"很多学员或点头或小声嘀咕，表示同意。

不过，有一个学员勇敢地站出来说："没有争议了吗？我们觉得好像没有争议了，但从医学实践的角度来看，争议是真实存在的。为什么给孩子接种疫苗的父母越来越少？也许我们需要承认，争议的确存在，只不过是被忽视了。"20 年来，医护专业人士一直在科普疫苗的好处，但无论出于何种目的，都妖魔化了那些不准孩子接种疫苗的父母。反疫苗运动依然盛行不衰，甚至有愈演愈烈之势。学员们最终同意，是时候改变科普疫苗的方式了。学员们认为，如果要影响反对疫苗的人，医护人员就需要真正理解他们的认知模型。

虽然理解对立模式也许会让我们深感不适，但这是整合决策过程的第一步。首先，要界定问题；其次，明确解决问题的两种对立模式；最后，探究每一种对立模式的运作机制，目标在于呈现每种模式的核心价值。这么做的目的不是在对立模式中做出选择，而是运用对立模式提出新的更优方案。

在疫苗案例中，第 1 阶段并不容易完成。明确对立模式的问题在于，有时似乎只有一种模式是正确答案。在医护人员看来，接种疫苗就是唯一的正确答案，那些主张自己有权利决定孩子是否应该接种疫苗或接种疫苗的种类和时间的父母是反科学的、不负责任的、不合逻辑的，甚至是不道德的。你已经知道什么是认知偏见，所以很容易理解那些参与反疫苗运动的父母肯定会拒绝科学评估，拒绝听从医护人员的传统说教。

根据前文引用的研究成果，将相反证据呈现给坚信个人信念的人会产生意外的效果：相反的证据实际上强化而不是改变了原有的信念。将科学证据呈现给拒绝疫苗的父母看也会有同样的效果。事实上，医疗机构一直在以这种方式普及疫苗，却因为没能理解什么是同理心而失败了。很多人都遇到过类似的情况，持续把有效的证据和自己的认知模型灌输给他人，却没有考虑到他人的想法及其初衷。这种方法不太可能产生想要的结果。

呈现对立模式的 4 个步骤

盲目谴责持有不同想法的人也会发生在其他领域，比如，政治和经济领域。在政治领域，保守主义者认为自由主义者是无比幼稚的，他们提出的社会福利方案是国家根本不能承受的。自由主义者则认为保守主义者是冷酷无情的人，只对金钱感兴趣，对人民疾苦漠不关心。在各自的认知模型中，自由主义者被认为是愚蠢的，保守主义者被认为是邪恶的。

乔纳森·海特（Jonathan Haidt）在他的书中探讨了市场经济也存在类似的冲突。他认为，关于经济学的两种对立性表述发生了激辩：一方把市场经济视为剥削，另一方则视之为解放。[6] 一方认为，应该用有形之手阻止自由市场产生最糟糕的结果；另一方则认为，最好放手不管，让市场发挥作用。海特认为，应该用一种新的表述，来取代这两种极端观点。因为，如果没有一个整合的替代表述，现有的两种对立表述之间的根本冲突就会产生政治僵局！左派和右派的分歧会逐渐增大，富有建设性的对话会越来越少。双方最终会变成自说自话，而不去试图理解对方的想法。① 这就是一种简单的独断。为什么要听对方错误的观点呢？这么做有什么好处呢？

实际上，这么做有极大的好处。仅听认同我们观点的人的看法，只会强化现有的观点，让我们看不到其中的缺陷，进而限制了思维的创造力，并且还会对个体和组织的业绩产生负面影响。在一项研究中，研究人员发现，首席执行官们过于信赖高管们的建议，尤其是在公司业绩较差时，因为这些高管与他们拥有共同的思维方式、共同的朋友圈，或者曾经都在同一个行业工作过。领导者们越是听从这些高管的建议，就越难改变公司的战略和糟糕的业绩。海特写道：“看起来，如果首席执行官听从与他思维方式和观点相似的高管的建议，那么业绩糟糕的公司最终很难扭转颓势，甚至还有可能让情况变得更糟。”[7]

---

① 想了解乔纳森·海特的更多思想，推荐阅读由湛庐文化策划、浙江人民出版社出版的中文简体字版《正义之心》。——编者注

这种现象并不奇怪。背景类似的朋友和同伴很容易彼此认同，这就是群体决策的一种表现。在群体决策中，人们没有仔细评估不同的观点，而且通常主动压制异见，然后达成共识。各种研究表明，当群体是同质的，并且内部观点没有明显分歧时，群体决策就会经常发生。所以，我们可以想象大多数公司的高管团队是怎么做决策的，他们的背景、经验和观点有多大的差异？有多少讨论过程是为了解决分歧？答案似乎是显而易见的。根据我们的经验，在多数会议中，达成共识的愿望意味着，参会人员希望很快就多数意见形成共识。一个愤世嫉俗的人可能会说，会议室里几乎没有任何思考争辩的过程。

查兰·内梅特（Charlan Nemeth）发现，理解少数派的观点能让我们思考得更深入。她写道："那些理解少数派观点的人更容易掌握局势的方方面面，能以不同的方式思考问题，更有可能提出新的解决方案，或者做出新的决定。"[8] 这一观点同样适用于疫苗之争。以大多数人的标准，少数派的观点是"无效"的。而亚当·格兰特（Adam Grant）在《离经叛道》（*Originals*）一书中说："异见是有用的，哪怕它是错的。"[9]

回到疫苗案例，詹妮弗·里尔让学员仔细思考普及疫苗的对立模式。一种模式是，完全由政府强制推行疫苗接种。加拿大实行公共资金支持的健康医疗系统，因此这种方法与现行的模式没有太大差异。在这一模式中，公共系统中的决策者会强制让所有孩子按照科学的时间表依次接种所有疫苗，而父母没有选择权，只能服从。比如，未接种疫苗的孩子不能读公立学校，而且父母会被处以罚金。另一种模式则是，政府不强制推行疫苗接种，父母拥有绝对的选择权。

第二种模式是医护人员非常不认同的。但在争辩了一段时间之后，他们发现父母拥有选择权还是有一些潜在好处的。比如，父母选择模式意味着，父母应该对孩子的健康负有最重要的责任。在这种模式下，由于没有了强制接种，医护人员不得不与持怀疑态度的父母更有效地沟通，找出影响父母的新方式。最后，学员赞同更好地理解父母选择模式至少能改变向公众普及疫苗的方式，从而扭转反疫苗趋势。

整合决策练习
CREATING GREAT CHOICES

在公司中，哪些人的想法与你不同？哪些人的认知模型与你相反？哪些人的想法对你有启发，他们看待世界的方式与你有很大差异，但他们不是公司的员工？以后在做决策时，让这些人与你一起思考，可以问，“你看到了哪些我没看到的因素”；或者邀请某人加入团队，一起讨论如何解决问题。人们倾向于认可权威专家和重视内部人的看法。但这种方法是有局限的，因为这只是从一个维度看问题。局外人通常能帮助你发现专家没有发现的认知模型及其背后的假设。

要想呈现和探讨不同的观点，我们需要有一些基本规则，以确保团队中的每个人都能发表意见，无论他们对现有模式的看法如何。仅仅告诉成员，“大家可以就问题开展有效的对话”是不够的。没有具体的对话规则，这种提醒就跟对孩子说“长高点吧”一样，不具有可行性。我们必须知道该怎么做，才能把一件事情做好。这个道理也同样适用于整合决策的过程。

一开始，你就应该做好准备，接受不同的看法。在第1阶段，你可以采取如下步骤：

1. 界定问题；
2. 明确两种极端而对立的方案；
3. 阐明对立模式；
4. 指出每种模式的工作机制。

如果要以群体决策的方式，利用不同的视角提出更好的解决方案，那么每一个步骤都是非常关键的。第一步是要界定问题。

步骤1，界定问题

1938年，约翰·杜威（John Dewey）在写探究理论（the theory of inquiry）的时候注意到，“人们很熟悉这种重要的观点：提出一个好问题，问题就已经解决了一半……如果提不出问题，就只能在黑暗中摸索”。[10] 我们同意杜威的看法。如果人们对于要解决什么问题都不能达成临时性的一致，就只会陷入争吵，毫无进展。人们就可能陷入问题的症状和表象，抱怨这个世界太复杂，进而把问题分解成更小、更可控的问题。正如 A. G. 雷富礼常说的，他们没能抓住问题的症结。

在整合决策中，我们先要呈现或界定值得解决的问题。值得解决的问题才是重要的问题，这一问题对于解决它的人而言具有重要意义。它不一定是改变世界的问题，或者是《财富》500 强企业首席执行官们面临的问题。

一群学生在为社区菜园管理员提供咨询服务时就遇到了这样的问题。管理员注意到有些蔬菜被某些社区成员偷偷摘走了，这个问题虽然不大，却一直困扰着他们。可能社区成员在下班后顺路来到菜园采摘蔬菜。如果的确如此，那么如何解决这个问题就显得很关键了。如果管理员不允许社区成员进入菜园，就降低了他们对社区菜园的归属感和责任感。但如果管理员不解决这个问题，就会让某些社区成员占便宜，而牺牲了为种菜付出时间和精力的社区成员的利益。这种情况可能会导致社区成员之间的不信任和菜园管理的混乱，最终只能关闭社区菜园。所以问题是，管理员应该如何解决，才能让这个项目长期运转下去？对于学生和管理员而言，这就是一个值得解决的问题。

界定问题就是以最简短的语句抓住问题的本质。不要沉迷于遣词造句，如果你觉得确实必要，可以稍后再完善。刚开始时，要确保团队成员能对问题形成共识，并承诺一起解决它。所以，不需要咬文嚼字，但可以借鉴设计思维，提出一些有价值的问题。“我们要怎么做，才可能……”这句流行的话出自闵·巴萨德（Min Basadur），他曾说过：“人们一开始可能会问，‘我们可以如何做这事’，或者‘我们应该如何做这事’……但只要使用类似‘可以’和‘应该’这样的字眼，就是在做出判断：‘我们真的能做这事吗？我们应该做这事吗？’”他说，使用“可能”而不是“可以”或“应该”，“你就能推迟做出判断，这可以让人们更自由地提出新的方案，发现新的可能性”。[11]

接下来，必须要以能够让人们想象得出答案的方式来界定问题。比如，我们要怎么做，才可能提出一种方案来管理好社区菜园，确保菜园持续运作？脑海里有了这样的问题，你就可以进入下一步，探究对立模式了。

整合决策练习 CREATING GREAT CHOICES

在公司、工作和生活中，你面临什么样的两难困境？对于哪些两难抉择，你经常希望能有更好的方案？列出一张你认为值得解决的问题的清单。

步骤 2，明确两种极端而对立的模式

我们刚开始传授整合思维时，把整合思维当作一种工具，认为可以用来解决两难抉择：在两个清晰但又不太满意的选项中二选一。我们之所以用这种呈现方式，是因为当非常成功的

领导者分享他们最困难的决策时，几乎总是会举两难抉择的例子：在成为宝洁首席执行官后，A. G. 雷富礼要么改善宝洁的短期业绩，要么投资于长期创新；当创立四季酒店品牌时，伊萨多·夏普要么开办人性化但利润很微薄的小型汽车旅馆，要么开办豪华的大型会议型酒店，虽然可以赚更多的钱，但客户会觉得这种酒店没有人情味；在红帽软件公司，鲍勃·扬要么选择免费软件模式，要么采用专用软件模式。基于多年的大量访谈，我们将整合思维作为一种工具，用于解决生活中面临的两难选择。

但随着对整合思维的深入理解和运用，我们从一开始就会提出一些抽象的问题。例如：我应该如何考虑合理的创新投入程度？酒店正确的商业模式是什么？我想要创办一家怎样的软件公司？然后，不管最终方案是否一开始就很明显，我们会明确两种清晰的对立选项，这是提出新的解决方案的重要一步。这一想法让我们开始思考，要是在现实中，整合思维者没有面临两难选择呢？要是他们只是遇到了一个有关道德的问题，却本能地将之转化成了一个非此即彼的选择，作为更有效地思考问题的一种方式呢？如果情况确实如此，或许我们也能帮助那些正在学习如何解决难题的人采用同样的方式。

我们的一个 EMBA 学员是一位销售总监，她的工作单位是一家金属丝网分销公司。该公司最近并购了一家竞争对手，正在努力整合两家企业。他们面临着特别棘手的问题：如何重新整合两家企业的销售团队。一家企业有一支庞大的直销队伍；而另一家则采用传统做法，通过批发商卖给终端客户。两家企业合并之后，销售团队必须进行整合，但哪种方式才是最佳方式呢？争论持续了数月，但进展并不大。这位销售总监担心虽然花了很多时间来讨论该问题、研究最佳方案、调研利益相关人、分析各种数据，但最终还是没能提出更好的方案。为了避免出现这种情况，她让团队从思考一般性问题转到思考两种清晰界定的对立模式上，即从“我们需要整合两支销售队伍”转到“我们要么采取直销模式，要么采取代理模式”上。随着讨论的深入，我们鼓励团队成员专注于分析这两种极端的销售模式：一种是直销模式，一种是代理模式。然后，问题可以被界定为：如何才能提出一种整合销售模式，既具有直销模式的优点，又具有代理模式的优点？以这种方式来界定问题，团队就可以有效分析这两个选项，并且很快就能提出新的方案。该方案就是：让一小支直销队伍将代理商作为客户，向更广泛的代理商网络提供支持，帮助他们提升技能，这么做要比直接服务于终端客户的效率更高，效果更好。

为什么一开始就要呈现两种极端而对立的模式呢？因为有两种模式总比只有一种模式更好。将一个问题转化为两个对立的选项，可以活跃讨论的氛围，增强讨论的动力，使人们为自己支持的选项辩论。像艾尔弗雷德·P. 斯隆所做的那样，人们希望用不同的看法帮自己理解真正的问题和潜在的解决方案。研究一种以上的模式还能有助于克服确证偏见、群体思维和过早得出单一答案。

所以，呈现两种模式比一种模式更好，但又比呈现十种模式更好。毕竟，要想深入理解十种模式几乎是不可能完成的任务。呈现两种模式更具可操作性，而且它可以把握复杂局面，不至于让对问题的探讨陷入僵局。

但这两种模式是两种对立模式而不是任意两种模式，这样才能产生有益的冲突。从我们先前对整合思维者的访谈中可知，不同观点之间的冲突通常能激发创造性思维。但只有在思考两种对立观点，而且每一种观点都有价值但都不能被同时采用的时候，成功的领导者才能从中发现有用的洞见。所以，请让自己处于思考状态而不是评价状态，即思考每种模式的价值，而不是评价其好坏。同时，你还必须让两种模式尽可能处于极端对立的状态。这一思考过程可以让你去挑战每种模式背后的假设，从而启发你产生新的想法。

整合决策练习
CREATING GREAT CHOICES

创建对立模式需要实践。为了更好地提出对立模式，可以参考图 5-1 列举的例子，这些例子包含了我们经常遇到的一些对立模式。思考这些冲突是如何出现在生活中的。

我们需要让模式的对立变得尽可能极端，因为极端的模式能帮助我们克服对模式的确证偏见，将自我意识与模式本身区分开来。通常，团队呈现的模式可能比个体坚信的模式更为极端。通过把现有的选项推到极端，团队更容易把对立模式看成是有价值的观点，而不是对现有选项的挑战。

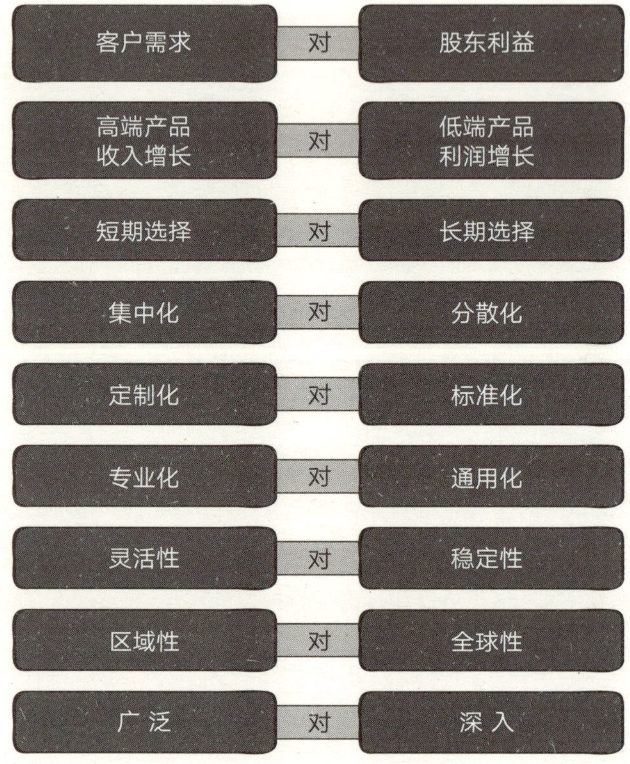

图 5-1 企业中常见的对立模式

顾名思义，将“对立模式推到极端”意味着，你不会考虑包含多种模式要素的妥协方案。比如，在销售队伍整合案例中，我们不会一开始就考虑这种销售模式：直销和代理商销售并行，每个团队的销售负责人根据具体情况决定采用哪种方式。这种妥协可能是很多公司的做法，但它不利于提出一种整合方案。整合思维不是指“两种模式都要采用”，而是指汲取两种模式的精华，然后提出一种比现有模式更好的方案，产生更好的结果。妥协不利于提出更好的方案，因为妥协方案本身就很难理解。不同模式的效果会交织在一起，并且随着对每种模式的理解更加深入，我们会发现妥协方案把问题搞得更复杂了，尤其不可能从妥协方案中获得新的洞见。这种方案的内在冲突不够，不能让我们提出更好的方案（见图 5-2）。

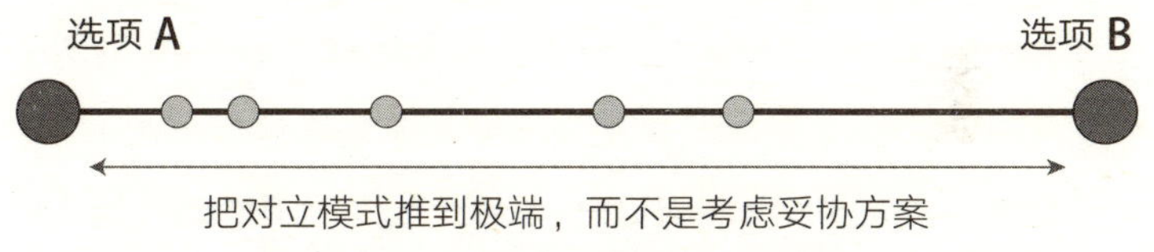

图 5-2　极端模式而非妥协模式

在有些情况下，存在与前两种不同的第 3 种选项，即另一种极端选项。比如，金属丝网分销公司的第 3 种选项可能是完全实现在线销售。如果真有 3 种对立模式，如果参与会议的员工愿意探讨它们，那么务必要深究这 3 种模式。但这会增加操作的复杂性，会需要更多时间去思考解决方案。此外要保证，第 3 种极端对立模式不是令人讨厌的妥协方案。

在界定问题方面，不要花太多时间去发现正确的对立模式。对于目的来说，这些模式只是雏形，就像你对问题也只是做出了初步的界定。发现对立模式只是提出创新方案的起点，所以不要追求完美，只需要确保这些对立模式是否真的是问题的解决方案。有时，你可能没有找到切题的解决方案，或者这些解决方案并没有直指问题的核心。

在这种情况下会发生什么呢？多年来，加拿大黑莓科技公司的衰落一直是媒体报道的焦点，我们的很多学生希望能提出一些方案来拯救公司。最成功的方案是以目标为导向的核心战略选项，比如，加大硬件投资，重获硬件上的成功，或者转型为一家软件公司；进军企业市场，或者占领消费者市场。不太成功的方案则把问题界定得很宽泛，比如，如何在竞争激烈的市场解决销售下滑的问题。然后通过研究对立模式来解决这个问题，但这些对立模式只能解决问题的很小一部分，比如，在内部开发 App 应用，或者创立一个更开放的应用平台。

为了避免不切题的情况，你需要让选项直接针对问题的核心。对立模式应该成为解决某问题的十分独特的方式。明确了极端而对立的模式后，就可以进入下一步，开始阐明这些模式。

整合决策练习 CREATING GREAT CHOICES

从你的问题清单中挑选一个值得解决的问题，针对该问题提出两种对立模式，将这个问题变成两难选择，然后将这两种模式推到最极端的情况。

步骤 3，阐明对立模式

你是否有过这样的经历：与同事探讨一个问题，并形成了一致的看法，但随后发现，自己实际上并不完全认同这一看法，因为你们使用的同一个词具有不同的含义。这就是阐明对立模式至关重要的原因。阐明对立模式意味着，用足够的细节描述它们，让人们能很快明白该模式的本质。这需要花一些时间来解释，用一些语句、关键词，甚至图片，解释每种模式在实践中会是什么样子。阐明对立模式可以保证所有团队成员探讨的是同一件事，进而才能梳理和呈现不同观点之间的冲突，最终让每种模式在团队心目中变得更清晰。

那么如何阐明对立模式呢？几年前加拿大一家大型银行的首席执行官给我们的 MBA 学生出了一道难题。这位首席执行官想要在一个尚能赚钱但实际上并无差异化的金融服务市场中有所突破。过去 5 年，这家银行付出了巨大努力，通过精简人员和数字化运营来降低成本，并且减少不必要的组织复杂性，终于见到了成效。现在，他担心的是，这种努力产生的效果实际上是以忽视客户的其他需求为代价的。他解释说："我们希望银行能为客户提供优质的体验，但是担心员工总是想在客户体验和运营效率之间寻求平衡。"

值得解决的问题

我们向学生提出了这一难题。然而，他们并没有意识到对立模式的存在：优质服务与运营效率的对立。他们问需要解决什么问题，更不用说他们根本不知道其中存在值得解决的问题了。

他们说，优质的服务就是高效的服务。二者并不矛盾，可见，要看出问题并不那么容易。

这位首席执行官把解决这一矛盾视为自己面临的最重要的问题。于是，我们让学生们从其他角度来看待这个问题和各种模式，花时间认真思考，然后阐明这家银行面临的两种对立模式：一种模式基于管理上的效率原则，另一种模式基于对企业最重要的客户体验。

我们让学生们想象，一家只重视运营效率的银行与一家只重视客户体验的银行有何不同。经过认真思考，他们逐渐意识到，只重视运营效率的银行会尽可能将服务标准化。计算机比人脑的运算效率更高，在技术的引领下，该银行会提供尽可能少的更简单的产品。它会形成高度集中和控制的运营流程，不会造成无效运营。我们以故事板的方式简要阐述了效率模式（见图5–3）。

另一方面，只重视客户体验的银行又是什么样子呢？学生们说，它会是客户希望看到的样子。最有可能的情况是，该银行会针对每个客户提供定制化服务，就客户需求进行充分沟通或不沟通。银行会为每个客户提供适合该客户的产品和服务，无论提供该产品的后台运营系统有多复杂。这类银行会提供大量不同类型的服务，有众多的网点，营业时间非常灵活（见图5–4）。

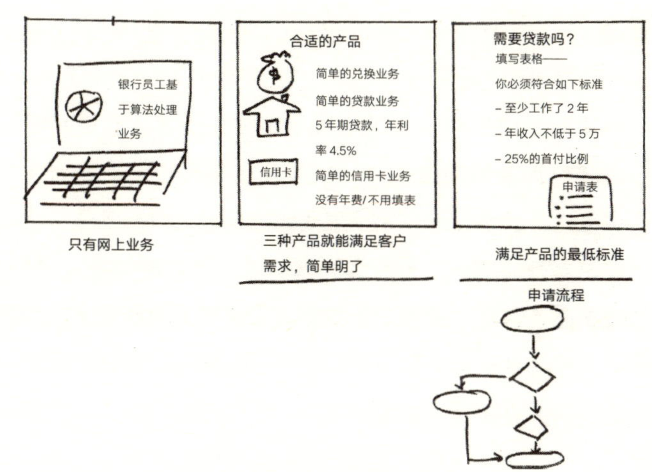

图 5-3 只重视运营效率

图片来源：乔茜·冯（Josie Fung）。

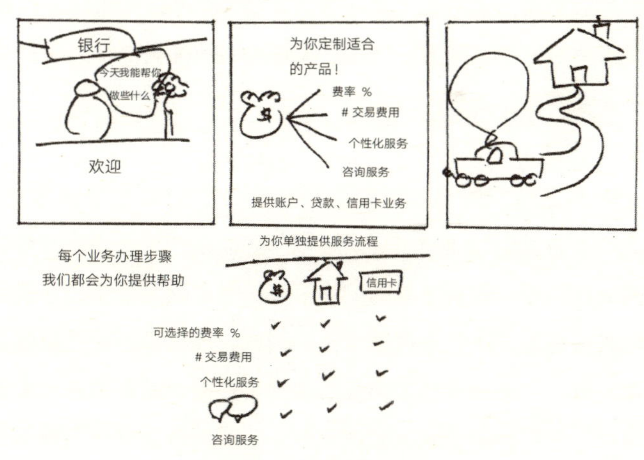

图 5-4 只重视客户体验

图片来源：乔茜·冯。

重要意义

阐明对立模式似乎是一个很不起眼的步骤，但它对团队的思维方式发挥着长期作用。一位学员在参加了一个特训项目之后，想将整合思维过程应用于团队。她在地方政府工作，负责为自闭症患者提供服务。她所在社区的儿童患自闭症有上升趋势，但政府在服务资金方面的支持不够。多年来，她的团队尽可能精打细算，在各种限制条件下做出妥协，并取得了成绩。现在，她想知道是否还有更好的解决方案。

这位学员的出发点是希望创建一个新的问题框架，以便提出不同的解决方案。她的团队是应该采用“利益均沾”模式，扩大服务覆盖面，让每个自闭症孩子都能得到有限的服务；还是应该采用“给最需要的人”模式，聚焦因为情况更糟糕、家庭更贫穷而更需要帮助的孩子。

事实证明，阐明对立模式对她的团队成员是很有帮助的：因为一方面，他们纠结于决定采用哪种模式；另一方面，他们不知道如何向没有得到帮助的家庭解释。阐明这两种模式帮助团队成员表达出了之前从来没提出过的假设，能够深入挖掘以前从未有过的服务信念，并呈现出他们作为公共服务者有时会面临的两难困境。对两种模式的讨论让团队进一步理解了现有的模式，并针对创新方案提出了大家都认可的标准。

阐明对立模式不需要花太多时间，其目的不是要详尽描述模式，而是要共同认可每种模式的核心要素。有了这一共识，接下来，团队就能深入理解这两种模式是如何运作的了。

整合决策练习 CREATING GREAT CHOICES

回到你的两难困境。通过描述每种模式的核心要素来阐明两种对立模式。使用文字或图像，尽可能清晰地阐述。

步骤4，指出每种模式的运作方式

在阐明了两种对立模式之后，理解它们的最好方式是什么呢？在我们刚开始讲授整合思维时，使用了一种大家很熟悉的方法。小时候，老师和家长告诉我们，当面临两难抉择时，可以掏出一张便笺纸，在纸的中间画一条竖线，然后在左右两边分别列出支持或反对某个选项的理由。然而，学员们无法很好地完成这项任务。他们总是关注每种模式的缺陷，于是很早就否定了某种模式。盯着便笺纸上支持和反对的理由似乎并不能改变人们的想法，似乎也对提出各种新的解决方案没什么用处。

于是，我们执行了一项新规则。当学员们试图理解和认真思考两种对立模式时，我们禁止成员谈论模式的缺陷。“支持/反对”清单变成了“支持/支持”清单，这是聪明的学生提出的。现在，学员们不再列举支持和反对的理由，而是给出每种模式的优点。我们让学员们研究每种模式的好处，分析为什么人们会选择它，并且最终它会产生什么样的好结果。

这种只关注优点完全不关注缺点的方法，与传统智慧是相反的。然而，关注模式的优点是至关重要的，有如下 3 个原因。

1. 关注缺点很容易导致放弃对某种模式的探究，尤其是当缺点看起来不可克服时，人们就很难继续认真对待这一模式，也很难理解克服该缺点可能会带来什么样的价值。
2. 知道能从这些对立模式中学到什么，才能提出一个更好的方案。理解每种模式的价值和优势，才能利用这些有价值的因素，将它们整合成新的更优模式。
3. 关注优点还有助于促成有效的集体讨论。假设团队正在进行头脑风暴，同事瓦莱里娅提出了一个新方案，并得到了某些成员的支持，朱莉娅却默默坐在一旁，双臂交叉，身体前倾，说道：“可以给我一点时间，提出不同的意见吗？”接着，她解释了为什么瓦莱里娅的方案是行不通的。以我们的经验，每当这种事情发生时，会议室里马上就会出现尴尬的气氛。大家原以为新方案能达成一致，这下就泡汤了。如果朱莉娅只是想反对那个方案，为什么还要费心去想新的方案呢？

我猜有些人现在正想象自己双臂交叉，默默坐在一旁，因为他们喜欢提反对意见。难道我们不是说过要听取少数派的意见吗？是的，但这是有前提的，必须先理解要反对的模式的优点，而不是为了提出新方案而盲目反对别人的模式。所以，正确的规则就是，千万不要一开始就去关注模式的缺点。

如果你是团队中的现实主义者，必须要关注模式的缺点，那么这种情况也并非一无是处。如果你提出了完全相反的模式，那么你反对的模式的缺点自然就是你提出的模式的优点。比如，即使我们知道分散培训模式具有灵活性，也没有必要认为集中培训模式通常具有官僚化和效率低的缺点。事实上，只要你能看出对立模式的优点，自然能看出每种模式的缺点。现在，你可以放下双臂，开放地面对各种方案了。

在探究不同模式的优点时，你会依次思考每种模式，然后试图理解各自的优点。你会尽可能地思考每种模式能运作良好的方式，暂时忘掉其他模式的存在。在这一阶段，你尽量不要判断或评价。当前的任务不是决定哪个模式更好，而是抓住每种模式的价值，以及明白这些价值能产生怎样的结果。

核心相关方

我曾与宝洁的一个产品团队开过一次研讨会，当他们在会上阐述整合思维过程时，“支持 / 支持”清单的另一个核心要素出现了。事实上，如果我们只思考企业如何能从每一种模式中受益，就会错过更好的方案。相反，我们让学员从不同的角度看待每一种模式，训练他们站在其他最重要的相关方的立场来思考问题。为了选择不同的视角，我们会问：“这一决策对谁最重要？新方案必须得到谁的支持？受这一决策影响最大的人是谁？”

宝洁的产品团队不仅要考虑团队如何能从决策中受益，还要考虑零售商和终端客户的利益。对于面临的运营效率和客户体验之间的冲突，银行应该全面考虑客户、员工和股东的利益。自闭症患者的公共服务者应该考虑患者家庭、公共服务者和更广泛的社区纳税人的利益。如果我们相信适用于自闭症孩子的模式与适用于患者家人的模式完全相反，那么就将“家庭”割裂成了两个不同的群体。如果我们认为政府的支持至关重要，想让政府直接为所有服务买单，那么就应该站在政府的角度考虑问题。

那么，我们该如何确认相关方呢？事实上，没有统一的标准，但必须在获得足够的多样性和避免过度的复杂性之间寻求平衡。目的是要获得多元化的视角，站在相关人员的立场思考问题，考虑不同的模式对他们有怎样的影响。

所以，对于每一个相关方，我们需要询问某个模式如何影响他们：他们会从该模式获得什么好处，这些好处是如何产生的。通常，我们首先能想到的好处都是很明显的，所以挖掘深层次的好处至关重要。要问为什么每个好处都很重要，这些好处是怎样产生的，以便得知每种模式完整的有效性。你应该尽可能深入地研究每种模式的运作方式及其价值。

“支持 / 支持”清单

我们在第 4 章就已经展示了“支持 / 支持”清单，内容是企业培训的集中培训模式与分散培训模式之间的冲突。图 5-5 和图 5-6 的“支持 / 支持”清单呈现了银行运营效率和客户体验之间的两难困境。

客户

- 节约时间
  - 快速交易（节约时间）
  - 更快的选择（提供更简单的产品意味着更容易选择产品类别）
- 较低的银行手续费（能存更多的钱）
- 更低的差错率（更简单和更高效的运营能带来更少的差错，尤其是数字化后，能减少人工差错）
  - 对银行的每一笔交易更有信心和信任感

员工

- 节约时间
  - 快速交易（节约时间）
- 更简单的工作
  - 高效的后台系统降低了复杂性
  - 除了交易行为之外客户互动很少
- 员工工作环境，包括薪酬和其他人力资源系统也会更高效，与人力资源管理建立更快，更简单的合作关系
- 对于客户得到了高效的服务感到很满意
- 预期目标更清晰，尽可能更高效
  - 知道如何成功
  - 知道如何评估团队

股东

- 降低总体成本，将浪费和无效工作从系统中清除
  - 创造潜在的高利润和更好的回报
- 尽管提高运营效率需要花费一次性资本开支，但这一成本会让银行受益多年（维持长期高效运营）

标准化和简单化：将事情搞定！

图 5-5　运营效率意味着什么

客户	员工	股东
- 为我提供合适的产品 - 更好地满足我的需求→带来更好的风险调整回报 - 有被重视的感觉	**- 在服务客户和满足客户需求的过程中实现个人成就感**	**- 更高的股东回报，因为客户愿意为定制产品支付更高的价格** - 创造更高的利润和更好的回报
- 在银行有更好的体验（因为我的需求得到了理解和满足）	**- 更丰富的日常工作记录（更多的自主权和选择权）** - 更高的个人参与度 - 更大的工作自由度 - 与更好地满足客户需求相匹配的更高的收入	**- 更深的客户关系，使竞争者很难挖走客户**
- 有可能与银行家建立人脉关系 - 能够依赖更专业的理财建议，晚上睡得更踏实 - 一种重要的社交行为，比如，对于老年人而言		
- 选择：我能得到想要的，也能以想要的方式和时间实现自我掌控感		

客户满意度：做正确的事！

图 5-6　良好的客户体验意味着什么

从图 5–5 中可见：第一，在运营效率模式下，客户将经历更少的业务差错；第二，括号中还解释了为什么这种好处很重要，或者这种好处是如何产生的。比如，在运营效率模式下，客户可以体验到业务差错率更低的服务，因为银行降低了业务复杂性，提高了数字化水平，降低人工出错率。最终，这一良好体验会进一步增强客户对银行的信心。

在阐述模式的优势时，给自己一些反思的时间。不要急于得出答案，可以从每个相关方的角度来看待模式。其他人有什么理由会喜欢这个模式？要意识到你容易掉进认知偏见陷阱，而且还要承认，不是每个人都会看重你看重的事物。你可能希望更自由、灵活安排工作，而其他人可能与你不同。要记住，即便有些结果不是你想要的，但可能是他人想要的。

关键是要从其他相关方的角度看问题，并明确每种模式能给予他们哪些好处。如果你卡壳了，实在想不出对相关方有什么好处，或者达到你同理心的极限了，那就暂停思考，去跟他们直接沟通。找到利益相关方的代表，让他们说出自己希望从每种模式中得到哪些好处。事实上，无论你是否卡壳了，这样做都可能是非常值得的。

整合决策练习 CREATING GREAT CHOICES

针对自己面临的挑战，创建“支持 / 支持”清单。当你明确了模式的优点后，要思考，这一优点是如何体现的？为什么它如此重要？至少从 3 个角度来理解某种模式，并深入了解 3 类相关方的利益。

与团队以及一些能提供帮助的外部人士一起工作，有助于梳理每个相关方的利益，并且理解利益体现的方式。在研究每种模式的时候，全面考虑各方利益，就能更好地了解每种模式背后的运作方式。要持续研究每种模式，直到团队真正对该模式产生兴趣为止。就疫苗问题进行讨论的医护人员必须找出一种方式，来评估非强制接种模式在父母的个人责任和知情选择方面的价值。

当团队爱上或喜欢上这种模式之后，就继续对另一种模式进行同样的探讨。

记住，偏好某种模式并不意味着你一定要选择该模式，它只是意味着，你充分理解了为什么其他人也会喜欢这种模式。在完全了解两种对立模式之后，就可以进入下一阶段了。

再次强调整合决策第 1 阶段应具备的 4 个步骤。

1. 界定问题
    - 阐明值得解决的问题。
    - 将这个问题用“我们要怎么做，才可能……”的句式表达。
2. 明确两种极端和对立的模式
    - 将这个问题变成两难选择。
    - 将每种模式推到对立的极端，然后呈现出其核心价值。
3. 阐明对立模式
    - 搞清楚每种模式包含哪些内容，不包含哪些内容。
4. 定义模式的运作方式
    - 选择最重要的相关方。
    - 创建“支持 / 支持”清单，反映每种模式对相关方的利益。

最后，在分别呈现和思考了对立模式之后，就要综合考虑不同模式，展现它们之间的冲突。第 6 章探讨如何审视不同的模式。

下文的一些模板可以用来记录在界定问题、选择对立模式、描述这些模式的基本要素等方面的成果（图 5–7）；也可以用形象的方式来描绘各种模式（图 5–8）；还可以为各种模式创建“支持 / 支持”清单（图 5–9 和图 5–10）。

问题（要解决的问题是什么？）

对立模式（有哪两种对立模式？）	
模式 1 （用哪个词来描述该模式的本质？）	模式 2 （用哪个词来描述该模式的本质？）

基本要素 （用哪三个关键词来分别描述每种模式，使得两种模式是极端对立的？）	
模式 1 • • •	模式 2 • • •

图 5-7　模板：阐明模式

模式 1 （画一个简单的素描，阐明这种模式）

模式 2 （画一个简单的素描，阐明这种模式）

图 5-8　模板：形象化描绘

模式 1		
相关方 1	相关方 2	相关方 3
•	•	•
•	•	•
•	•	•
•	•	•
•	•	•
•	•	•
•	•	•
•	•	•

这究竟是一种怎样的模式？

图 5-9 模板："支持 / 支持"清单（模式 1）

模式 2		
相关方 1	相关方 2	相关方 3
•	•	•
•	•	•
•	•	•
•	•	•
•	•	•
•	•	•
•	•	•
•	•	•

这究竟是一种怎样的模式？

图 5-10 模板：“支持 / 支持”清单（模式 2）

CREATING GREAT CHOICES

06

第 2 阶段，审视对立模式，发掘每种模式的优点

A LEADER'S GUIDE TO INTEGRATIVE THINKING

1976 年对电影业而言绝对是幸运年，《洛奇》(*Rocky*) 和《出租车司机》(*Taxi Driver*) 就是在这一年上映的。对此，彼得・芬奇（Peter Finch）说："我兴奋得像是着了魔，我可不想再有这种体验了。"罗伯特・雷德福德（Robert Redford）和达斯汀・霍夫曼（Dustin Hoffman）主演了揭露政治人物丑闻的电影；茜茜・斯派塞克（Sissy Spacek）在舞会狂欢中把自己浸泡在猪血里[①]；朱迪・福斯特（Jodie Foster）与芭芭拉・哈里斯（Barbara Harris）在一个疯狂的周五互换了身体[②]。当然，这一年也是小型电影节加拿大多伦多电影节的创办之年。

那时候，多伦多电影节被称为"电影节中的电影节"，创办初衷是为了让多伦多人观看到全球最好的电影。当时，大多数多伦多人只能在当地的一些专用剧场看电影，专用剧场在固定的地方，只有一块屏幕。最初几乎所有的票房都来自剧场运营收入，因为录像机在十多年以后才广泛使用。为了尽可能提高

① 这是电影《魔女嘉莉》(*Carrie*) 中的场景。—— 译者注

② 这是电影《怪诞星期五》(*Freaky Friday*) 中的情节。—— 译者注

票房收入，剧场会连续几个月上映最受欢迎的电影。比如，《星球大战》（*Star Wars*）在 1977 年 5 月面世之后，在剧场上映了 54 周。[1] 而《星球大战：原力觉醒》（*Star Wars Episode VII:The Force Awakens*）是在 2015 年 12 月中旬在剧院上映的，不到 4 个月，DVD 版和蓝光碟版就问世了。

好莱坞商业电影大受追捧，挤压了艺术电影的生存空间。为了看黑泽明（Akira Kurosawa）、费德里科·费里尼（Federico Fellini）、弗朗索瓦·特吕弗（Fransçois Truffaut）的电影，影迷们需要到小型的艺术影院去看，或者只有在电影节才能看到这些电影。在那个年代，电影迷只能接触到当年全球发行电影的很小一部分。

20 世纪 70 年代的多伦多作为加拿大的偏远小城，这种现象也同样存在。多伦多人很难看到高品质的非好莱坞电影。所以，比尔·马歇尔（Bill Marshall）、亨克·范·德·科尔克（Henk Van der Kolk）和达斯提·科尔（Dusty Cohl）选择了在多伦多电影节上发布自己的作品。实际上，很多电影已经在全球其他电影节放映过了。创办第 1 年，电影节吸引了 3.5 万名观众和 145 名记者，上映了 30 个国家和地区的 127 部电影。[2]

此后，多伦多电影节每年举办，大获成功。在多伦多电影节运营了将近 20 年后，皮尔斯·汉德林（Piers Handling）成为电影节主席。从此，多伦多电影节开始迅猛发展。观众和电影上映数量大幅增长，同时还增加了一些专项活动，比如，“午夜疯狂”观影活动，专门放映针对年轻人的前卫电影，如《落水狗》(*Reservoir Dogs*)。电影节甚至成了成功的电影首映平台，像《大寒》(*The Big Chill*) 与《罗杰和我》(*Roger & Me*) 都获得了极佳的口碑。然而，随着不断的发展，电影节遇到了商业模式问题。汉德林解释说：“多伦多电影节创办的初衷意在兼容并包，针对普通大众，而不是专业人士，也不是定位于电影行业博览会……它希望成为适合每个人的电影节。”[3] 它也的确实现了目标，但票房收入只能覆盖电影节总开销的一部分。财务可持续性成了电影节面临的重大挑战。

在就任主席后，汉德林面临的问题是，如何创建一种长期可持续的电影节商业模式。在本章，我们将认真探讨对立模式如何为解决这个难题提供了重要线索，汉德林是如何为电影节的未来提出创新方案的。

电影节模式

据汉德林说，那时候，“有两种基本的电影节模式：一种是竞赛型电影节（专业电影节），如戛纳、威尼斯和柏林电影节，即欧洲三大电影节；还有一种是非竞赛型电影节（社区性电影节），如多伦多、旧金山和纽约电影节……每种模式的组织方式差异很大”。面对这一巨大差异，汉德林开始运用整合思维。一方面，坚持多伦多电影节的非竞赛性和草根性；另一方面，需要建立完全不同的运营架构和商业模式，最好能让电影节长期持续运营，而这正是当前的重大挑战。汉德林需要找另一种与多伦多电影节不同的极端对立的商业模式，而当时已经有这样的例子。

自始至终，戛纳电影节只为业内人士举办，参会对象只有导演、制片人、发行商、电影明星和媒体。戛纳电影节组委会挑选大约 20 部电影参与官方评比，缩小入围电影的范围和数量，确保这些电影代表了“广受观众欢迎的文艺电影”。[4] 这些电影要参与角逐最高荣誉——金棕榈大奖，它是由 9 名电影界声望卓著的专业人士评选出来的。比如，2016 年的评审团包括了导演乔治·米勒（George Miller)、演员克尔斯腾·邓斯特（Kirsten Dunst)、凡妮莎·帕拉迪斯（Vanessa Paradis）和唐纳德·萨瑟兰（Donald Sutherland)。汉德林称这些评委是“有品位的仲裁者”，他们告诉观众哪些是好电影，哪些不是。类似戛纳的竞赛型电影节本质上是专业电影节，走红地毯和举办活动都只针对特定人群。

相反，社区性电影节，诸如多伦多电影节，在很多方面都与戛纳电影节不同。非竞赛型电影节没有评审团。既然没有竞赛环节，当然不需要评委。此外，即便业内人士通常也参与宣传自己的电影，但放映活动主要是为付费入场的电影迷举行的，这些观众很多都是多伦多人。放映的电影数量通常比竞赛型电影节多，有时放映几百部电影，针对不同喜好的广大观众。因此，社区性电影节实际上比竞赛型电影节更包容、更开放。

尽管这两种模式在全球的电影节中都不乏代表，但汉德林对这两种模式都不满意。专业电影节具有财务可持续性，能吸引业内人士，但违背了多伦多电影节现有的社区精神。而且，专业电影节的市场已经被瓜分完毕。多伦多社区电影节是对各种电影主张开放、平等和包容的，但它很难维持运营，并且在业内的影响力也有限。我在《整合思维》一书中提到，汉德林知道自己需要一个能结合两种模式优点的更优方案。最终，他找到了。

汉德林提出的新方案的关键要素实际上就蕴藏在两种对立模式之中。他面临的挑战是：如何深入理解不同的模式，然后利用它们的优点，提出一个整合方案。因此，接下来要发掘每种模式的优势。

专业电影节模式的优势是可以给举办地带来丰厚的经济收益，比如旅游收入、税收收入和基础设施建设。即便当地人不能参加电影节，举办地也能从专业电影节中获益。毕竟，谁能肯定你不会在戛纳的豪华酒店外碰见乔治·克鲁尼（George Clooney）呢。

电影业离不开电影节，因为它能增加观众对电影的关注，尤其是对电影节挑选出来的电影；电影节还为这些电影资助了数百万美元，通过媒体报道“免费”为它们宣传。此外，能在一个风景优美的地方举办如此有趣的活动，还能有机会赢得奖项，何乐而不为呢。

对于电影节的组织者而言，最大的吸引力是赞助和权力。赞助主要来自奢侈品牌，它们渴望加入盛会。权力来自电影节的运营架构，组织者设定流程、挑选电影、挑选评委，所有这些行为都能给业内人士带来巨大的影响力。

再来看看社区性电影节模式。这种模式能为主要相关方提供专业电影节不能提供的东西吗？对于举办地而言，核心优势在于开放性，它能为各种电影和思想提供展现自我的机会，能为当地影迷提供观影交流的机会。对于业内人士而言，开放性也是一个重要的优势：在电影节上放映的电影很多，电影制作人能借此检验电影在市场中的认可度。对于电影节的组织者而言，他们有为当地观众服务的内在动机，更关注观众对电影本身的热爱，而不是声誉或权力。

在理解了不同模式的优势之后，你就能明白为什么汉德林会逐一审视每种对立模式，也能明白为什么他肯定不会二选一。这就是汉德林在审视每种模式时的想法。接下来，他审视这两种模式：抓住其中的冲突，发现隐藏在冲突中的价值，从而提出更好的方案。

在这个阶段，要关注在每种模式中最看重的东西，理解两种对立模式的异同。对立模式其实也有一些共同点：尽管规模和受益者不同，但它们都能带来经济利益。在专业电影节举办期间，五星级酒店和高端餐厅会从举办的各项活动中获得不菲的收入，而且在其他时间也会受益于电影节给当地旅游业带来的品牌效应。在社区性电影节举办期间，小型餐厅和出租车司机可能是经济受益人，但主要只在电影节举办期间受益。

那么，两种模式的差异是什么呢？竞赛型的专业电影节缺乏社区性电影节的开放性和平等性。然而，专业电影节获得了全球媒体的集中关注，业内人士也会从中受益，而社区性电影节却没有这样的待遇。

现在，可以思考最看重每种模式的哪些优势了。汉德林几乎喜欢社区性电影节的每个环节。专业电影节唯一令他羡慕的地方是，它能创造稳定而持续的收入。但他知道，仅通过发挥社区性电影节的优势不可能创造额外的收入。他的团队已经尝试了很多创收方法，也效仿了其他电影节去拉赞助商。到了 1994 年，多伦多电影节对赞助商的吸引力已经不如专业电影节了。

如果汉德林只是简单效仿戛纳电影节的一些做法，多伦多电影节很可能更缺乏吸引力，既失去了自身的特点，又没有抓住戛纳电影节的精髓，变得不伦不类。鉴于这种利弊权衡太痛苦，汉德林需要以不同的方式来思考对立模式，提出更好的方案。

要想完成好这一项任务，我们需要更深入地思考最看重每种模式的哪些优势：不同模式之间的真正冲突点是什么？我们最看重它们的哪些价值？要具备这些优势，需要做出哪些关键假设？最看重的这些优势是如何产生的，能以不同方式获得这些优势吗？

审视冲突点

首先，要审视冲突点，因为这些冲突让我们难以调和出一个新模式。比如，不同类型的电影节最受益的群体明显不同。社区性电影节会将重心放在观众身上，比如，更加开放，增强观众参与感和自豪感。相反，专业电影节会将重心放在业内人士身上，让他们获得最大利益，如人脉网络、身份感和经济回报。

之所以会产生这种冲突，是因为不可能同时服务好这两类人群。当地观众的需求与专业电影节的需求存在矛盾。即：观看好电影的同时和电影明星近距离接触，与宣传电影、建立人脉、达成交易之间的矛盾。要想提出更优方案，就应该研究如何更好地将各种需求结合起来，同时克服两类受益人之间的冲突。

提出假设

接下来，考察假设。我们认为各种模式具有各自的根本理念和原则，但是否真的如此呢？那么，就要考察模式背后的假设，如果这些假设是站不住脚的，就有可能提出新的方案。

比如，就专业电影节模式而言，我们可以假设，电影节的小众化是吸引明星、媒体和赞助商等业内人士的核心因素，也是电影节能持续经营的主要原因。就社区性电影节而言，我们可以假设，开放型和竞赛型是彼此冲突的两种方式。

然而，如果这些假设并不为真，或者只抓住了问题的一部分呢？这将如何改变我们对电影节模式的看法呢？

分析因果关系

最后，分析与对立模式有关的因果关系。是哪些因素形成了每种模式最重要的结果，即我们最看重的优势？

当我们开始研究因果关系时，应该先停下来想一想什么是因果关系。“因果关系”这一概念很有可能会遭到统计学家的极力反对。在科学层面，“因果关系”有特殊的含义，并且有着很高的确证门槛。这里在宽泛意义上使用“因果关系”这个词，只求实用性而不求严谨性。我们只是使用因果关系的概念来厘清复杂问题，因此不用刻意去遵循其严格定义。在复杂的社会系统中，我们很难确切知道输入的信息、各种变量和产生的结果是否有因果关系，比如 A 导致了 B；或者仅有相关性，在某种情况下，A 和 B 都发生了，但它们之间不一定有因果关系。所以，我们其实是在运用“厨房逻辑”[①] 的因果关系。总之，在每种模式

① “厨房逻辑”（Kitchen Logic），意指特定领域的逻辑或因果关系。——译者注

中，哪些因素之间是有因果关系的？这要求我们在一个复杂系统里对模式中的因果关系做出最可靠的猜测。我们可以使用假设来推动思考和提出新的方案，产生想要的结果，尽管无法证明这些假设具有科学意义上的因果关系。

所以，我们会思考在每种模式中是哪些因素产生了当前的结果，尤其是那些我们最看重的利益。在社区性电影节中，哪些因素导致了强烈的社区参与感？仅是任何人都能买票入场吗？如果增加评委、评奖或只有业内人士参与的活动，那么对社区参与感会带来怎样的影响？在专业电影节中，哪些因素为举办地和电影节带来了收入？这些收入能否以其他方式产生？

随着对因果关系研究的深入，人们的想法就会从脑海中涌现出来，并落实在纸面上。探索因果关系最有效的工具就是因果建模。因果建模的概念来自系统思维。系统思维是一种思考方式，是指试图通过理解一个复杂系统中不同组成部分之间的关系，来理解一个复杂、动态的整体。在系统思维中，因果循环模型试图理解“动力机制的复杂性，因果关系的微妙之处，以及随着时间的推移，干预效应会在什么地方失效”。[5] 尽管系统动力学建模领域有着丰富而成熟的实践成果，但就我们的目的而言，我们只需要用因果模型来理解每种模式中蕴含的因果关系即可，用方向箭头连接不同的因素来呈现这些因果关系。

因为创收是专业电影节模式最看重的价值，所以我们可以描绘出一个简单的模型，抓住让戛纳电影节持续盈利的最重要的因果关系（见图 6–1）。该模型能帮助我们将关注点从单一结果（收入）转向能产生同样结果的不同因素，还能帮助我们理解和探索如何用不同的方式让多伦多电影节产生同样的创收效果。

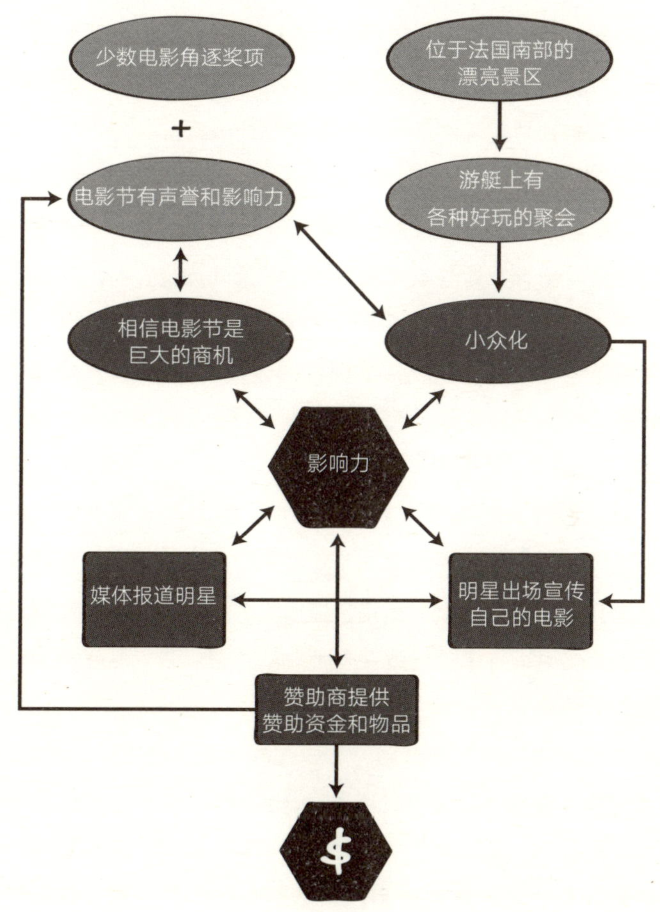

图 6-1　戛纳电影节可持续性的因果模型

在图 6–1 的模型中，可以看到一个良性循环：在戛纳电影节，明星之所以愿意参加，是因为媒体会出场；而媒体之所以会出场，是因为明星会参加。明星和媒体的存在产生和强化了电影节的巨大影响力。这种影响力既提升了电影节的声誉，又让人们形成了一种印象：戛纳电影节是一个巨大的商机。因此影响力让戛纳电影节获得了赞助商的青睐，而随着赞助商的蜂拥而至，戛纳电影节对明星和媒体的吸引力也会变得更强。在这一因果模型中，影响力就是运营可持续的非常重要的因素。

回顾前文，可持续性是汉德林一开始就想要解决的问题。他不是简单地思考如何才能拉来额外的赞助资金，而是探索如何才能创造一种模式，让电影节的发展建立在坚实的基础上，并确保其持续经营。他在检视对立模式的过程中找到的结合点就是：影响力。

戛纳电影节的影响力来自小众化：精心挑选的电影、邀请的重量级评委、聚会和盛典，尤其是颁奖典礼。全球的每家主流媒体都会报道戛纳电影节和获金棕榈奖的电影。这些媒体报道相当于给获奖电影打了价值数百万美元的免费广告，并逐渐为电影节建立了声誉。

但小众化并不一定是产生影响力的唯一途径。多伦多电影节的挑战在于，它要用不同的方式去形成影响力，找到扩大影响力的独特方式，从而增加而不是减少电影节的收益。换句话说，汉德林要怎么做，才能既保留电影节中自己喜欢的部分，同时又能通过新的方式形成更大的影响力，让电影节实现可持续发展？关键在于，如何以一种新的方式利用社区性电影节模式的优势，来扩大影响力。一个高度开放的电影节如何才能具有更大的影响力呢？

最终，汉德林意识到，观众本身就是影响力的来源。因为它的开放性，多伦多电影节吸引了成千上万的当地人买票观看电影，他们会与朋友分享看过的电影，会在观影过程中大笑、痛哭、鼓掌。这些观众正是电影节市场巨大的潜力所在。如果用语言种类、种族国籍等很多指标来衡量，那么多伦多都是全球最多元化的城市。由于多伦多坐落于北美中部，多伦多电影节的观众中也有来自纽约、明尼阿波利斯或奥斯汀的人。此外，多伦多的观众与伦敦、上海和班加罗尔等大都市的观众也有很多共同点。所以，如果多伦多的观众喜欢某部电影，那么很有可能世界其他地方的观众也会喜欢这部电影。换句话说，多伦多观众的倾向就是预测大都市观众喜好的风向标。

戛纳电影节的影响力有一部分是通过专业评委评奖形成的。汉德林决定将评奖带来的影响力与有预见性的观众的优势结合起来。汉德林没有采取让专业评委评选奖项的方式，而是采用了现有的更朴实的奖项评选法，并使之成为电影节的一个特色。从创办的第一年起，多伦多电影节就开始颁发低调的奖项，由观众投票选出电影节最受欢迎的电影。汉德林和团队将电影节重新命名为“多伦多国际电影节”（TIFF），并且向外界隆重推出电影节的特色奖项“观众票选奖”。

在汉德林的领导下，多伦多国际电影节的“观众票选奖”开始为电影节带来影响力。他让业内懂得，增加公众参与度并将评选权交给观众，也会带来巨大的商机。汉德林认为，“观众票选奖”之所以能引发媒体和业内的关注，是因为该奖项能预测获奖电影的全球票房。要是多伦多观众认真对待评选这件事，并且的确也能评出优秀之作，那么这种预测力是非常有价值的。汉德林大胆地认为，观众有这个能力做好这件事，因为观众参与评奖实际上会让电影节变得更开放，更有社群归属感。现在，观众不仅能看电影，还能作为评委评选电影。

汉德林押注观众评奖的做法获得了巨大成功，赢得多伦多国际电影节“观众票选奖”的电影包括《卧虎藏龙》（*Crouching Tiger，Hidden Dragon*）、《贫民窟的百万富翁》（*Slumdog Millionaire*）、《国王的演讲》（*The King's Speech*）和《爱乐之城》（*La La Land*）。多伦多国际电影节的影响力非常大，成为全球最著名的电影节之一，而且更重要的是，它还成为最有影响力的电影节。[6] 在 2015 年，多伦多国际电影节上映了 300 多部电影，有 40 万观众参与。获得“观众票选奖”的电影通常会获得奥斯卡金像奖。电影节每年的创收超过了 4 000 万美元，得到了健康而可持续的发展。它成功的秘密就在于汉德林运用整合思维，其中包括认真审视全球电影节的两种极端对立模式。

审视对立模式的 3 个步骤

审视对立模式是整合思维过程的第 2 阶段，这一阶段包括了考察两种对立模式、理解它们之间的冲突，以及问一系列探索式的问题。

1. 理解对立模式之间的冲突
   - 模式之间有哪些相似之处？
   - 模式之间有哪些不同之处？
   - 两种模式的哪些价值最重要？
2. 考察两种对立模式中最重要的价值
   - 两种模式的真正冲突点是什么？
   - 两种模式背后的假设是什么？
   - 两种模式之间存在什么样的因果关系？
3. 回顾
   - 真正想要解决的问题是什么？

步骤 1，理解对立模式之间的冲突

第一步是理解对立模式之间的冲突，这意味着要关注它们的特点：在模式的优势以及相关方得到的利益方面，两种模式有哪些相似之处和不同之处。在这一步，你开始逐渐深入理解各个模式，准备评估每种模式中你最看重哪些价值。例如图 6–2 中的例子：一群学生将一家全国性零售商面临的问题转化为两难选择，然后将它们阐述为两种对立模式。图 6–3 呈现了该问题的“支持 / 支持”清单，同时，也呈现了学生审视这些模式的步骤。

决定某个模式中哪个优势是你最看重的，是件相当主观的事情。没有唯一正确的答案，不同的人会在不同程度上看重不同的优势，但这并非是件坏事。主观评估可以在成员之间形成对话，大家一起探讨最希望获得什么样的结果，为什么会看重某个优势，以及解决问题的途径可能是什么。这一步要求做出审慎的管理判断，需要团队使用分析、逻辑和有效沟通等工具与方法来辨识细节，发现关联，比较选项。

问题：一家全国性的零售商正在思考该如何获取和使用消费者的数据。

选项：在涉及追踪消费者数据的问题上，我们应该跟踪和使用总体的、匿名的客户数据，还是跟踪和使用明确的、有名字的客户数据？

模式描述：

有名字的客户数据	匿名的客户数据
● 交易数据与客户记录相关	● 获取的唯一数据就是交易数据
● 可以获取和保留独特的标识符	● 不能获取独特的标识符
● 产生具体的客户描述，并能在全公司使用	● 所有交易数据在被使用或共享之前都要被聚合

图 6-2　案例：问题，选项和模式描述

"支持/支持"列表：显名客户数据

客户	公司	政府
♥ 相关的广告和推送——很有针对性，非常适合我 - 我感觉公司了解我的需求 - 消除了不必要的广告推送 - 折扣和推送完全符合我的需求（零售商不可能做得比这更好了） - 简便（我能基于最佳信息制订我的采购计划） ♥ - 奖励——提高忠诚度奖励也非常合我心意，让我与零售商的关系更亲密了	- 个性化数据能让我们的运营更有针对性，能提升客户忠诚度，提高重复到店率，增加购物量 - 丰富而有效的数据能帮助我们更好地预测销量，应对市场趋势	- 如果零售商愿意配合我们，我们将更容易获取反恐、犯罪干预、政策制定等方面的数据 

个性化：
更好地满足个人需求

匿名客户数据

客户	公司	政府
- 安全——更少产生身份和数据盗取的风险，而这种风险会影响我的个人生活 - 隐私——没有我的同意，不能获取我的信息，所以零售商无权获取我的个人信息 ✕ - 宏观分析（针对像我这样的人）意味着，零售商的推送和折扣仍能满足我的需求 ♥ 信任：我感觉公司认真对待我的数据，关注我的需求	- 公共关系——降低因为数据收集和存储不当而造成的风险 - 降低数据盗取的影响（尽管任何盗取都不是好事，但这种方式将盗取对个人客户的影响程度降到了最低） - 总体数据能让我们针对群体客户，通过规模化而非个性化定制增加销量（后者成本太高，一旦定价失误，损失会很大）	- 如果所有公司选择这种方式，客户不断增长的隐私需求就会得到满足 - 因为信息盗取产生的纠纷更少 - 与公司的关系会更好

信任：隐私得到了保护

⟷ 相似性　✕ 差异性　♥ 有价值的利益

图 6-3　审视对立模式

当你在运用整合思维时，询问人们最看重哪些价值有利于进一步理解模式及其好处，因为参与者通常会深入探究自己的思考过程，以了解自己真正看重什么及其原因。所以，这一环节是非常有价值的。目前，我们已经关注了每种模式的优点，因此可以说，“两种模式我都很喜欢”。这时，你和团队要仔细思考哪些价值是你们最看重的。你可能会说，“两种模式的每个方面我都喜欢”，但这种看法是无助于解决问题的。在这一步，需要思考，“对于真正要解决的问题以及所处的特定情况来说，我究竟看重每种模式的哪些价值”。为了找到核心价值，你可以问，“我不愿意放弃每种模式中的哪一个价值?”如果你实在不知道，可以想想自己是否偏爱其中的一种模式，或者的确没有特殊的偏好。你也许会发现：每种模式都只有一种或两种核心价值对团队而言是最重要的；或者团队看重一种模式的很多价值，以及另一种模式中的某个核心价值；或者团队看重两种模式的大多数价值或所有价值。图 6–4 形象地呈现出这 3 种不同的情况。当你决定最看重哪些价值时，图中的哪一个最符合你的情况呢?

询问自己最看重哪些价值，是对团队最看重哪些价值的一种直觉判断，它也很可能成为预测指标，体现在各种整合方案中。这一步还能帮助你明确，哪些有价值的利益是相互矛盾的，自己想要探究哪些关键假设，哪些因果关系是站得住脚的，以及需要如何重塑你要解决的问题。

是否每种模式只有一个最看重的价值？

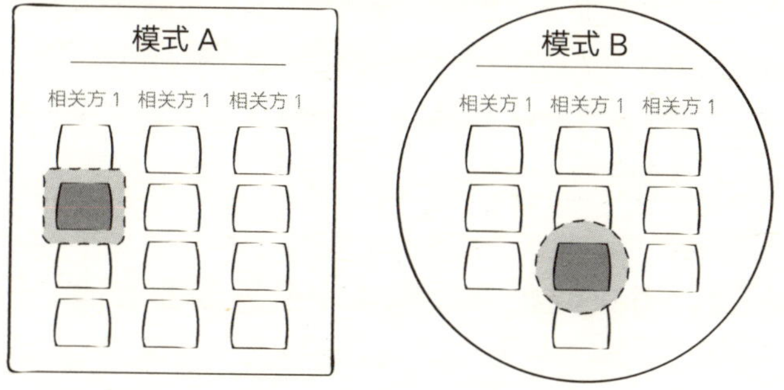

是否看重某种模式的所有价值和另一种模式的核心价值？

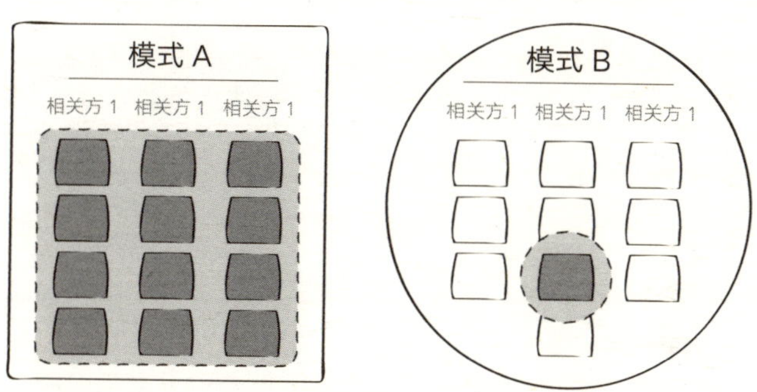

是否看重两种模式中的所有价值？

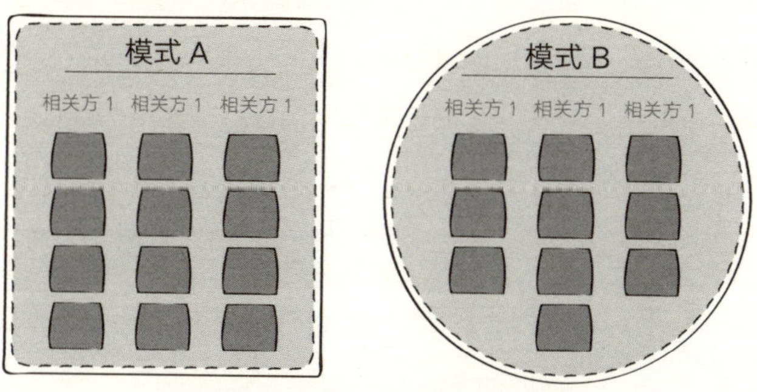

图 6-4 决定最看重哪些价值

整合决策练习
CREATING GREAT CHOICES

回到你在第 5 章处理的问题，自问：对立模式之间有哪些相似之处和不同之处？自己最看重哪些价值？退一步反思，在思考这些问题时，你看待这些模式的方式是如何发生变化的？

步骤 2，考察两种对立模式中最重要的价值

尽管生活中很少有百分之百确定的事情，但我们可以肯定地说：如果总是保持同样的思维方式，就总是会得到同样的答案。所以，得到新的答案需要新的思维方式。在决定了最看重哪些价值之后，检视模式的下一步就是针对冲突、假设和因果关系提出一些新的问题。目标是要改变关于对立模式的传统思维方式。

冲突

在高度抽象的层面上，前文呈现的对立模式似乎都是相互冲突的：怎么同时做到既开放又小众，既集中又分散，既标准化又个性化？随着研究的深入，你会逐步发现，是哪些具体的因素或环节使得对立模式相互抵触，以及如何以不同的方式看待这些冲突。你能从不同的角度看待并解决问题吗，或者以一种新的方式提出新的方案，从而化解冲突吗？

我们最近对一家日用品公司的副总裁和总经理进行了培训，其中一位负责拉美地区业务的区域总经理讲述了一个化解冲突、

提出创新解决方案的故事。这家公司近几年的主要目标之一是通过降低产品成本来提高利润率。而利润率低的问题在拉美市场尤为明显：公司的整体目标是每件产品降低 1 美元的成本，而拉美地区的目标是降低将近 3 美元。

拉美地区总经理不得不极其依赖公司研发和技术团队来降低成本。而拉美地区的市场相对较小，它不可能得到公司团队的重点关注。公司品牌团队认为，拉美地区利润率的任何改善对于公司整体而言都是微不足道的。

冲突就在于动机。拉美市场团队的看法是："拉美的利润率与公司整体相比差距太大，所以我们应该迅速降低该区域的成本。"相反，公司的看法则是："我们离目标利润额的绝对差距太大，所以我们应该首先聚焦最大的市场，从而带来显著变化。"

如果双方以这种方式思考问题，那么拉美团队就得不到多少支持资源，除非公司技术团队将重心转移到较小的市场。但拉美地区总经理和团队问道："如何才能使公司的动机与我们的动机保持一致？如何才能让公司觉得优先帮助拉美市场降低成本是一项明智的战略举措？"

关键点在于如何重塑冲突背后的假设。之前的假设是：拉美地区市场太小，对于整个公司不会产生显著影响。在这种情况下，市场小肯定是不利的。那么，如何让市场小的劣势变为优势呢？怎样才能优先把降低成本的技术应用在小市场，从而为公司的利润率带来显著影响呢？

因而，解决方案就是要将拉美市场小的劣势变成优势。拉美团队真的做到了这一点，他们说服了公司将拉美市场看成试验各种降低成本方法的理想市场。在小市场进行试验能降低在全公司层面行动的整体风险，可以在全公司推广新政策之前解决任何问题。由于所有的降低成本方法都会优先运用在拉美市场，市场成本状况的累积效应将有助于拉美团队实现其利润率目标。

拉美团队最开始遇到了不可调和的冲突，然后通过质疑不同模式背后的基本假设，缓和了冲突，为拉美地区分公司和整个公司提出了新的解决方案。

整合决策练习 CREATING GREAT CHOICES

继续思考你的问题，查看“支持 / 支持”清单，审视最看重的价值。模式中的不同价值，尤其是你最看重的价值，是否是相互冲突的？是什么因素使得解决这一冲突变得很困难？

假设

一个假设只是一种信念，我们并没有仔细思考它是否经得起考证。所以，我们可以反思假设，这不仅能促使我们探究信念背后的证据，还能使我们在假设被证伪之后得到新的启发。前文提到，整合思维的一个根本原则就是，承认所有模式都有可能是错的。正是质疑假设，我们才得出了这一结论。

那么，应该怎么质疑假设呢？最近，一个产品团队决定运用整合思维来重新思考未来发展战略。于是，我们鼓励团队设想出两难的战略选择。这个团队特别想提出一个战略性增长计划。团队成员想出的选项是：要么减缓现有核心市场的增速，要么开拓快速增长的新市场。在检视这两种对立模式时，他们非常倾向于开拓方案，开始质疑在权衡两个选项时的假设：为什么他们只能通过快速行动、持续创新、运营驱动来进入新市场呢？为什么不能在现有市场也这样做呢？这一洞见标志着团队思维方式的转变，由此他们提出了一系列新的战略方案。

整合决策练习 CREATING GREAT CHOICES

对于当前面临的问题，至少要明确每种对立模式背后的 3 种假设。这 3 种假设涉及核心相关方、自己的公司和竞争力、竞争者和更广阔的世界。是什么导致你相信这些假设正确与否？如果某个假设不正确，那么正确的假设可能是什么？

因果关系

当谈到整合思维时，为什么我们会对探讨因果关系如此感兴趣？因为，理解了因果关系就意味着有了预测能力；如果你知道行为中的因果力量，那么当因果力量发挥作用时，你就能更准确地预测结果。此外，思考因果关系还有助于探究产生不同结果的不同方式。因此，搞清楚高价值利益的因果关系，能为形成潜在的新方案提供洞见。

我们鼓励团队以书面形式描述因果力量。当因果模型未显明时，我们可能过于简化地看待世界中的因果关系的本质。画出因果模型可能比较麻烦，但它通常有助于团队对系统中正在发生的事情达成一致的看法。例如，有一群医学院学生参加了我们的课程，他们想解决对待某类病人时面临的挑战。这些病人既无家可归，又有精神疾病。学生们的对立模式是：（1）为了开展医学治疗，先专注于治疗疾病，再考虑治疗范围之外的所有其他因素，即所谓关于健康的社会决定因素；（2）专注于社会决定因素，就本案例而言，社会决定因素就是有房可住，而不是专注于治疗精神疾病。学生们对第二种模式感到非常不满意，但它也取得了一些效果。

对于学生们而言，一个重要的环节就是为有效治疗创建一种复杂的因果模型。这一模型涉及病人的隐私、动机、获取自己病历的权利、稳定的收入、压力和独立性等问题。学生们将稳定性视为解决社会因素和医疗因素的结合点。他们问：应该如何设计一个既能在突发的、急性的医疗方面，又能在官僚的、复杂的社会方面，提供稳定支持的系统。通过创建因果模型，他们能够站在更广泛的健康护理系统层面思考问题，从而改变了对医生角色的传统看法。我们相信，他们从医学院毕业后，在工作中运用这种做法会大大受益。

整合决策练习 CREATING GREAT CHOICES

继续应对挑战，自问：最重要的价值是什么，它们现在产生的效果如何？

为至少一个核心价值建立一个因果模型。然后思考如何干预该系统，以产生不一样的结果，或者用不同的方式产生同样的结果。

步骤 3，回顾

在审视对立模式时，很容易直接提出解决方案，但不要操之过急，否则会漏掉质疑思维方式的环节。这一环节对于整合思维过程非常重要。如果新的解决方案开始浮现，可以关注它们，但不要过早放弃探究模式中的冲突、假设和因果关系。审视思考过程。然后，在开始下一个阶段之前，稍做停留，重新思考要解决的问题。

在这一阶段，回顾问题能带来两方面的好处：

1. 它有助于在后面的讨论中始终围绕要解决的问题展开，确保团队不是在为提出一般性的好主意进行头脑风暴，而是在针对具体问题绞尽脑汁。记住多伦多国际电影节的例子，问题不在于成为一般意义上更好的电影节，而是如何实现可持续发展。

2. 基于新的思维方式重塑问题，能带来新的思路。通常，这种重塑是对最初问题的完善，从“如何才能让多伦多电影节实现可持续发展”变为“如何才能利用开放性来获得影响力，从而实现电影节的可持续发展”。在这些案例中，在审视对立模式之后发现要解决的问题比最初想要解决的问题实际上更有意义或更重要时，重塑问题标志着一个重大转变。如果情况的确如此，就需要回顾审视不同对立模式的整个过程，但千万不要为此而感到泄气。通常，重塑问题会成为提出真正的更优答案的关键步骤。

我们遇到过的重塑问题最成功的案例来自一群高中生。当时，学生们正在与当地一家慈善食堂磋商，希望他们去学校开家分店。学生们面临的问题在于，如何为慈善食堂设计最佳的运营模式。由于学校提供的空间和资源都十分有限，食堂员工倾向于以在营业时间和营业面积上效率最高的方式运营食堂，但学生却希望扩大食堂经营面积，延长经营时间，同时还要满足学生不同的饮食需求，比如，为伊斯兰教、犹太教信徒及素食主义者提供选择，开辟专门的档口。

在阐明最看重两种模式的哪些价值时，学生们非常纠结。一方面，学生们能理解为什么食堂员工会选择高效模式，并且一切都从高效出发；另一方面，他们也很容易理解为什么应该将资源最大化、浪费最小化。事实上，学生们也很难想象，即便食堂想满足学生们的诉求，但怎么才能做到，毕竟营业面积和营业时间有限。

学生们用了几堂课来研究“食堂满足学生需求”模式的最大价值。他们越审视该模式，就越发现这么做的价值很低。用户驱动模式对于学生完全没有吸引力，即便是那些强烈建议食堂做出改变的学生，也不清楚这种模式会带来多大的好处。在学生心目中，用户驱动模式很有可能让食堂运营成本变得更高，运营更困难。于是，这群学生最终决定，选择现有的高效模式，不再试图做出改变。

后来，这件事情出现了转折。一个名叫科林的学生，讲述了亲身经历。他和母亲刚搬到加拿大时，去过一家慈善食堂用餐。他记得，母亲那时显得非常羞愧。她平常是一个很自信、坚强和勇敢的人。但在慈善食堂，她低垂着头，没有与任何人有眼神交流。

在科林讲述这个故事时，其他人沉默不语。一位学生站出来说：“我们真正需要解决的问题是不是在慈善食堂用餐的尊严呢？也许顾客希望改变慈善食堂运营方式的真正目的，是想让自己感到在慈善食堂用餐是有尊严的；需要解决的问题可能是，如何才能让食堂提供高效服务，同时又能让顾客拥有尊严呢？”于是，学生们都同意，真正值得解决的问题是尊严问题。这是审视对立模式的最后一步，重塑问题使得他们为慈善食堂和顾客提出了新的解决方案。

在审视对立模式的过程中，提出的问题和采纳的步骤不必遵循检查清单。不用按顺序提出问题，每提完一个问题，就在清单上打钩。提出问题意在激发对话，挑战思维方式。如果说整合决策过程的第 1 阶段是要搞清楚自己的想法，那么第 2 阶段就是要质疑这一想法。这两个阶段都是元认知任务，但第 3 阶段为提出创造性解决方案奠定了基础：在现有对立模式的冲突中找出更好的整合方案。

当然不是在第 2 阶段提出的每个问题都会产生新的洞见，但都有助于你和团队更深入地了解不同模式，理解你对它们的看法。每个问题都是为了帮助你摆脱既有偏见，用新的方式去认识这个世界。

图 6–5 中的模板，可用于探究各种模式的相似之处、差异之处和最有价值的部分。图 6–6 中的模板可用于描绘不同模式之间的冲突。图 6–7 中的模板分析了每种模式的核心假设。最后，图 6–8 提供的模板可用于反思和描述重要的因果关系。

相似性 ⟷

- 两种对立模式都有哪些优势？
- 每种模式中类似的机制会产生哪些不同的效果？

差异性 ×

- 哪些价值是一种模式具备，而另一种模式没有的？
- 这些模式以哪种不同的方式让相关方受益？

最看重的价值 ♥

- 综合审视各种模式，它们都有哪些最重要的价值？
- 是否每种模式都只有一个核心价值？
- 是否一种模式有很多优势，而另一种模式只有一个优势？
- 是否两种对立模式涵盖了所有的价值？

图 6-5 模板：相似性、差异性和最看重的价值

冲突

●两种对立模式有哪些因素是相互冲突的？是什么因素导致不会同时使用它们？

●相互冲突的因素和最看重的价值之间是否有重叠之处？

●用哪种不同的方式才能克服两种对立模式之间的冲突？

图 6-6 模板：冲突

假设

●每个模式背后的核心假设是什么？

模式 1	模式 2
1.	1.
2.	2.
3.	3.

●如果那些假设不成立，如何进一步思考？

图 6-7 模板：假设

因果关系

● 每种模式最有价值或最主要的利益是什么？

为最主要的利益或想要的结果描绘因果模型。

可以思考如下问题：

● 这些利益或结果产生的原因是什么？

● 在构建因果关系的过程中，主要的反馈路径和分歧点是什么？

图 6-8 模板：因果关系

CREATING GREAT CHOICES

07

第 3 阶段，探究各种可能性，解决现有模式之间的冲突

创新取之不尽，用之不竭，越用越好。
贬损他人的创造力是我们的耻辱和损失。
人们经常倾向于压制而不是培养创造力。
我们必须创造一种氛围，鼓励新的思维、认知和质疑的方式。

玛雅·安吉罗（Maya Angelou）
美国黑人作家、诗人

A LEADER'S GUIDE TO INTEGRATIVE THINKING

约翰·博格对投资界的影响，很少有人能与之匹敌。他是领航集团的创始人和首席执行官。领航集团是一家管理着超过 3.5 万亿美元资产的投资公司。博格彻底改变了投资行业。他让业界的关注点从业绩报酬转到了管理成本，并是引入指数基金的第一人。他开创了不收管理费的共同基金，被《财富》杂志评为 20 世纪投资界四巨头之一。其他 3 位巨头是沃伦·巴菲特（Warren Buffet）、彼得·林奇（Peter Lynch）和乔治·索罗斯（George Soros）。但在获得这些成就之前，博格曾被炒过鱿鱼。

博格在 30 多岁时，就担任威灵顿管理公司（Wellington Management Company）的高管。那时，威灵顿管理公司是管理和销售平衡型共同基金的领军企业。平衡型基金，顾名思义，持有广泛的投资组合，包括大量保守型股票和投资级债券。当博格成为首席执行官时，威灵顿管理公司面临着危机：随着更具投机性、风险更高、回报更高的股权投资基金的出现，投资者对平庸而传统的平衡型基金失去了兴趣。

博格在一篇纪念自己 67 岁生日的文章中，回忆了当时共同基金行业的情况："我们只能绝望地看着平衡型基金在行业的份额从1955年的40%下滑到了1965年的17%，至1970年，跌至5%。"[1]在那个年代受到投机哲学的影响，博格与投资经理桑代克（Thorndike）、多兰（Doran）、佩恩（Paine）一起，策划并购了波士顿一家小型投资公司路易斯（Lewis）。为了得到一只进取型的股票基金，博格同意给新合伙人最大份额的威灵顿管理公司投票权。并购的初衷是为公司增长打下更广泛、更坚实的基础。在完成并购之后，博格被任命为新公司的首席执行官。

到了1974年，一场大熊市让激进的投机基金损失惨重。这些基金比标普500指数跌得更快、跌幅更大，后者差不多跌了50%。[2]威灵顿管理公司受到重创：资产从260亿美元缩水到140亿美元，股价从1968年的每股50美元跌到1974年每股不到10美元。最终，被博格带进公司的激进的基金经理们在1974年1月23日解雇了博格。

恰巧，第二天早上，博格与威灵顿基金的董事会成员召开会议。公司复杂的组织结构意味着，管理和监管基金与管理和监管公司是分开的。博格以前同时身兼威灵顿管理公司和威灵顿基金的首席执行官，虽然被炒掉了公司首席执行官的职位，但仍是威灵顿基金的首席执行官，至少拥有监管权。疲惫而愤怒的博格尽了最大努力，继续担任威灵顿基金的首席执行官，并说服董事会创建了一家新的子公司。子公司由威灵顿基金控制，只对威灵顿基金负责。

然而，公司规定子公司不能直接参与投资管理、营销推广和渠道开拓，这些工作要由威灵顿管理公司来完成。这种组织架构设计是很荒谬的。“我忠实于自己的内心，如果子公司不能直接控制投资管理或销售，那它的存在就毫无意义。然而，众所周知，我改变不了这一状况，但我想，万一能把这事干好呢。”他笑着说。[3]

博格必须认清现状。他不想运营一家只有行政功能的空壳公司，他知道不能无视子公司向客户做出的参与传统型基金管理的承诺。他需要找到一个新的解决方案。这个方案要解决的问题之一就是投资行业中最根本的冲突：公司代表了股东的利益（大多数公司都属于这个类型），无论投资业绩如何，都收取很高的管理费；公司还代表了基金客户的利益，彼得·德鲁克认为，这是公司存在的唯一正当理由。这一冲突不仅是博格要面对的，也是整个现代商业领域都要面对的问题。我为此在 2011 年专门写了一本书——《完善游戏规则》（*Fixing the Game*）。[4]

长期以来，博格都很认同这种理念：共同基金的客户应该成为行业的主导力量。他就读普林斯顿大学时，在本科毕业论文中写道，共同基金应该“以最高效、最诚实、最经济的方式服务于客户”。[5]但他发现，在行业主流趋势的影响下，共同基金的客户通常会沦为牺牲品。投资管理公司的股东掌握着所有的权力。通过收取高昂的投资管理和销售费用，投资管理公司获得了基金投资的大部分回报。这些回报都流进了投资管理公司股东的腰包，而不是基金客户的腰包。

在子公司中，博格决定采用以客户利益为中心的模式。他改变了所有权架构，不再采用流行的股东和客户分离的架构，而是充分利用互助概念，将共同基金客户转变为子公司的最终所有人。互助是指以前由股东持股的公司改变其法律形式，转变为由客户拥有大部分股份的互助型公司或合作型公司的过程。

博格先将子公司互助化，然后裁掉投资管理团队，免收投资管理费，以确保客户利益最大化。他说，之所以这样做，是因为“我关注行业结构已经有很长时间了……没有人能同时服务好两个主人”。博格选择了想服务的主人，即基金客户，并为此创建了一种能够实现他想法的独特结构。

指数基金的诞生

事实上，博格方案的关键就是指数基金。虽然子公司被禁止直接管理基金，但他高兴地发现，“指数基金是不用管理的”。一只指数基金根据主要股票市场指数的股票构成比例持有股票，最典型的指数就是标普 500。如果建仓得当，指数基金可以复制指数走势，而不需要主动管理。博格说，指数基金能够最大化基金客户的利益，因为运行成本非常低。他说，这是“一个很简单的算术问题，毛收入减去成本等于净收益”。指数基金可以提供巨大的净收益。

指数基金还有另一个重要的优势。博格解释说：“我知道，基金行业的致命弱点是基金的表现起伏不定，会随着市场大幅波动……投资者在基金表现良好时将资金投入，在表现不佳时将资金赎回。这就是为什么基金投资者的收益率远不如整个基金行业投资的整体收益率。”择时投资导致投资者的回报低于市场回报。而博格认为，指数基金专注于长期回报，组合多元化，成本非常低，透明度较高，能够显著降低投资风险，为投资者积累财富。

指数基金投资者不必担心是否选择了正确的基金，因为所有的市场指数基金都只跟踪市场指数。如果指数基金上涨，那是因为市场在上涨，而不是因为投资者选对了基金。如果指数基金下跌，那是因为市场在下跌，而不是因为投资者选错了基金。指数基金的投资策略就是买入、持有并等待，而不是在主动管理型基金之间转换，并试图不断追逐最热门的投资基金，以追求最大的投资回报。

博格的第一只指数基金在一些地区没能获得好的回报，在另一些地区还遭到了投资者的质疑，有些人甚至认为投资指数基金与美国风格相去甚远。然而，事实证明，指数基金是成功的。到了 2016 年，有 20% 的美元投资资金进入了指数基金，而博格的子公司，即领航集团，现在已是全球最大的共同基金公司。这一切都要归功于博格愿意构想创新方案，解决行业面临的特殊挑战。这一方案是他在被解除首席执行官职务的那天晚上想出来的。对于博格来说，回顾以前，整合方案显然是最佳选择。“我只是在谈论常识而已。”他说。他说得没错，伏尔泰却说，“常识并不那么简单”。

探究各种可能性的 3 条路径

博格解决现有模式冲突的方法，与皮尔斯·汉德林解决多伦多国际电影节可持续发展的方法有很多相似之处。每个人都利用对行业中因果力量的理解，构想出更好的方案，将对立模式中的核心优势整合进自己偏爱的模式之中。事实上，这种方法只是解决对立模式冲突的 3 种路径之一。

为了应对挫折，我们研究出了这 3 种路径。在讲授整合思维的早期阶段，我们鼓励实践者阐明对立模式，然后深入考察这些模式，但之后就很难为整合决策的下一个阶段提出好的建议了。尽管我们在头脑风暴和提供创新条件方面拥有丰富的经验，但在如何提出更好的方案方面，无能为力。最多只能告诉实践者，努力思考，直到找出整合方案为止。如果我们对此都不满意，那么学生们的感受可想而知。

所以，我们准备着手理解那些提出整合方案的人是如何做的。他们在解决冲突方面是否有特殊的办法？在创建新方案的过程中是否蕴藏着某种规律？我们回顾了所有的整合思维案例，包括最早的访谈和学生们的案例。

在此期间，我们发现，有 3 种整合类型大致与第 6 章探讨的 3 种情况和 3 个关键问题相关。也许除此之外，还有提出创新方案的其他方法。事实上，我们也希望能找到其他的整合类型。但这 3 种路径体现了在这一阶段我们能给出的最佳建议。它们代表了 3 种方向，你可以通过这些方向来寻求整合方案。

为了更好记，我们称之为："隐藏的宝石""双倍下注"和"解构"。下面分别解释每种路径的含义，用案例阐述每种路径的实践。

路径 1，隐藏的宝石

提起加拿大的体育，网球运动肯定不是加拿大的传统强项。加拿大的孩子从小喜欢在溜冰场玩，而不是在网球场。大约在 2005 年时，加拿大在全球网球运动史上还默默无闻。在男子单打项目上，加拿大已经有超过 20 年没有出现过一位进入全球排名前 50 的球员了，当然，更不用说，从来没有球员进入过全球前 10。女子项目也好不到哪儿去，自 1985 年以来，只有 3 位球员进入过全球前 50 ，只有 1 位球员进入过全球前 10。而美国网球运动相当强，仅在 2005 年美国就有 2 位男球员进入全球前 10，3 位女球员进入全球前 11，其中一位是世界第一。

加拿大的球员从来没进入过大满贯比赛的决赛，只有一名加拿大球员在 1984 年进入半决赛，她是卡林・巴西特（Carling Bassett）。加拿大网球史上唯一取得长期成就的球员是丹尼尔・内斯特（Daniel Nestor），他赢得了超过 90 次双打冠军，包括 8 次大满贯冠军。然而，内斯特的成功只是一个例外。

从商业角度而言，网球运动的官方机构，即加拿大网球协会，也情况不妙。协会借了 1 800 万美元修缮多伦多球场。它之所以这么做，是因为职业网球协会（ATP）要求场地必须符合条件，才能举办大师赛。债务负担以及相对匮乏的收入来源，意味着加拿大网球协会每年只有 300 万美元的预算去培养球员。与之形成鲜明对比的是，美国、法国、澳大利亚和英国网球协会从举办大满贯赛事中获得了大量收入。美国公开赛、法国公开赛、澳大利亚公开赛和温布尔登锦标赛是全球最重要、最赚钱的四大网球赛事。大满贯比赛让这四个国家拥有远超加拿大网球协会的网球发展经费。

两种对立模式

为了解决这一问题，加拿大网球协会董事会决定重整旗鼓，让加拿大成为全球网球强国。这一使命是由董事会新主席杰克・格雷厄姆（Jack Graham）、新首席执行官迈克尔・唐尼（Michael Downey）和董事会的两位新成员提出的，这两位新成员后来接任格雷厄姆的职位，成为主席，他们是托尼・埃姆斯

（Tony Eames）和我。他们着手寻求新的解决方案，开始关注法国和美国。这两个国家在过去 25 年为全球贡献了数量最多的伟大球员。同时，他们还关注了俄罗斯和瑞士。法国和美国的网球发展模式是完全不同的。法国有严格界定、高度标准化和集中式的培训计划。展现出一定能力和竞争欲望的初级球员在很小的年纪就被选入法国网球协会。之后，法国网球协会全面控制球员的网球生活，包括提供食宿、指导训练。

相反，美国网球协会（USTA）的运作方式则是个性化的、分散式的，属于典型的美国风格。它提倡百花齐放，将早期的培训项目交给专业教练或大型的营利性网球培训机构来完成，比如，波利泰尼（Bollettieri）和善道泉（Saddlebrook）网球学校。美国网球协会只是等着有天赋、自费、接受专业培训的一批优秀年轻球员崭露头角。之后，他们接受官方的资助、培训和其他资源，然后在任何最适合的地方，以最适合的方式，继续他们的网球职业生涯。

这两种系统都能不断产生优秀球员，但加拿大不能简单地复制。相比法国和美国，加拿大网球协会只有很少的球员、场地和经费。然而，董事会发现，每种模式都有可取之处。他们先认可了法国的国家体系。因为这种模式集中训练能保证事业的持续性和一致性，从而获得成功。而美国模式的最大优点是个性化。每个美国球员都能根据自身情况，走上适合自己的成功之路。有些球员最开始接受的是父母培训，有些球员则是在全球知名的专业培训机构接受训练，还有一些球员则与明星教练一对一合作。从某种程度上讲，每个球员都有自己的成长模式，他们的成功极具个性化。

两种模式的最大优势

法国和美国的模式在运营方式和思维方式上有很多内在冲突，加拿大要想同时做到既高度集中又高度分散几乎是不可能的。集中化可以保障水准的持续性，个性化能调动个人积极性。每种模式的主要优势并非是完全不兼容的。有没有可能建立一种新的发展模式，既能利用两种模式的优点，同时又放弃它们的缺点？加拿大网球协会就是这样做的，用不同的方式打造出一种新模式，同时充分利用集中化和个性化的优势。

在新模式下，像法国那样，有天赋的年轻球员得到官方确认后被邀请参加阶段性的培训计划。但加拿大网球协会的培训项目采用了更灵活、更个性化和更分散化的组织方式。它明确规定，只有年龄小于 14 岁的球员才能进入三个国家级培训项目之一，至于能进入哪个项目要取决于球员所在地。周末定期举办的训练项目作为孩子们在社区俱乐部和个人私教培训的补充。周末举办的国家级培训项目为球员们提供了全国性比赛的机会，并提供了关于营养、健康、策略等方面的信息。

周末项目让加拿大网球协会能够挖掘和培养有潜力、有决心的球员，而不用像法国那样，完全控制他们的发展，也不用支付全部的培养成本。其目标是：在加拿大各地选拔有潜能的年轻球员，然后提供打高水平比赛和接受世界级教练指导的机会。这些教练来自全球各地。总体而言，年轻球员的成长主要取决于自己。

当球员开始参加初级巡回赛后，就可以加入位于蒙特利尔的国家网球中心了。在那里，14～17 岁的球员要在路易斯·波费加（Louis Borfiga）的带领下参加全日制培训项目。波费加是前法国网球协会初级球员国家队训练中心的负责人。全日制培训项目的目标是打磨球员在技术、身体和策略方面的基本功，增加球员在这个阶段的国际顶级比赛经验，最终目的是要把他们培养成职业球员。

但是，即便球员进入国家网球中心，这种培养模式也不是大包大揽的。加拿大网球表现标准基金允许优秀球员不参加国家网球中心的培训项目，可以从全球各地挑选教练和最适合自己的培训项目，同时仍能获得国家的资助和支持。

加拿大的新模式在全球是独一无二的。它始于两个核心原则：集中管理和个性化。加拿大网球协会绝非只说不做，它设计的这种独特的模式在每个培训发展阶段都体现了这两大原则，同时放弃了现有模式中的其他特点。

结果如何呢？在 2016 年 ESPN 温网直播中，解说员约翰·麦肯罗（John McEnroe）惊呼："谁能想到，加拿大成了网球运动强国？"那时，加拿大的米洛斯·拉奥尼奇 (Milos Raonic) 排名世界第 7，即将在男子决赛中登场。另一位加拿大网球协会新整合战略的受益者尤金妮娅·布沙尔（Eugenie Bouchard），在之前两年就已经进入了温布尔登决赛，当时的世界排名高居第 5。在拉奥尼奇和布沙尔之后，一大批年轻的加拿大球员已经准备好登上世界舞台。即便加拿大网球协会的资源仍然只有其他国家的很少一部分，但它想出了如何用好这些有限的资源，把加拿大变成一个真正有竞争力的网球强国。

两种因素共同发挥作用

加拿大网球协会新模式的关键在于拥有两个"宝石"，即从当前主流的两种对立模式中汲取各自的优点。加拿大网球协会的挑战在于，要结合两种模式的优点，并让两者以新的有效方式发挥作用。这就是"隐藏的宝石"法。在这种路径下，可以从每一种模式中汲取精华，即采纳最大的优点，然后扔掉现有模式中的其余部分。采纳两种模式的最大优点作为新模式的核心组成部分，实际上就是在设想如何围绕"两大宝石"构建新的解决方案。

运用"隐藏的宝石"路径的过程中，关键在于思考对立模式的内在冲突。为了找到结合点，在两种模式中实现整合，需要理解冲突中的哪些因素导致了模式之间的整合很难。理解了这一点后，就能抛开无法整合的冲突因素，探索如何将能够整合的冲突因素整合在一起。对于加拿大网球协会而言，这意味着，需要打造一个既有集中管理又允许个性发展的培训体系，同时又舍弃了法国和美国模式中的多数其他特点。

加拿大网球协会的例子阐明了一种成功的“隐藏的宝石”整合法。与其他路径一样，整合的出发点都是提出问题。在探索“隐藏的宝石”整合法的过程中，应该提出如下问题：如何才能从每种模式中汲取最大的优点，同时放弃每一种模式的其他特点，从而提出新的模式？图 7–1 和图 7–2 形象地展示了“隐藏的宝石”整合法。

初始条件

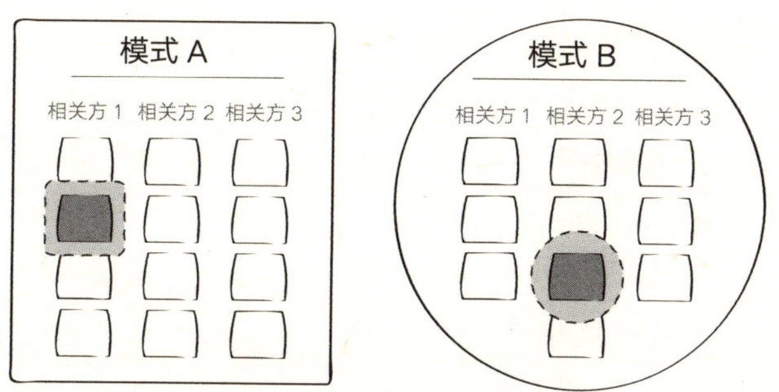

“我想要一种结合了 A+B 的模式。”

核心问题：

如何才能从每种模式中汲取最大的优点，同时放弃每一种模式的其他特点？

图 7-1 “隐藏的宝石”的出发点

它是如何运作的？

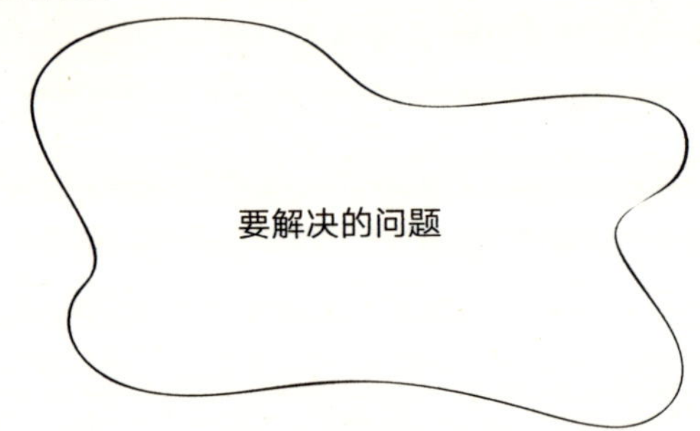

不要选择一种模式……

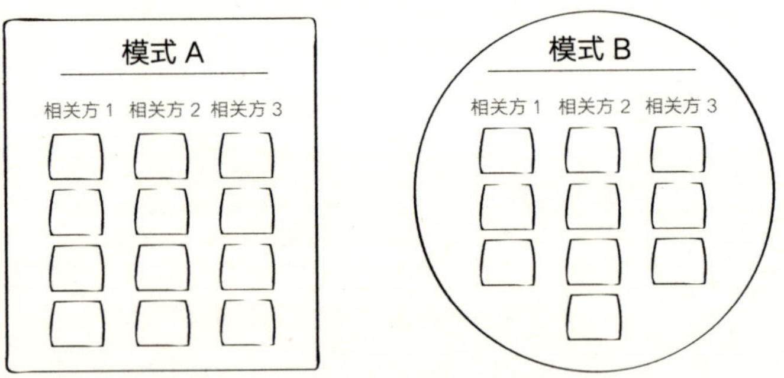

图 7-2 将“隐藏的宝石”形象化

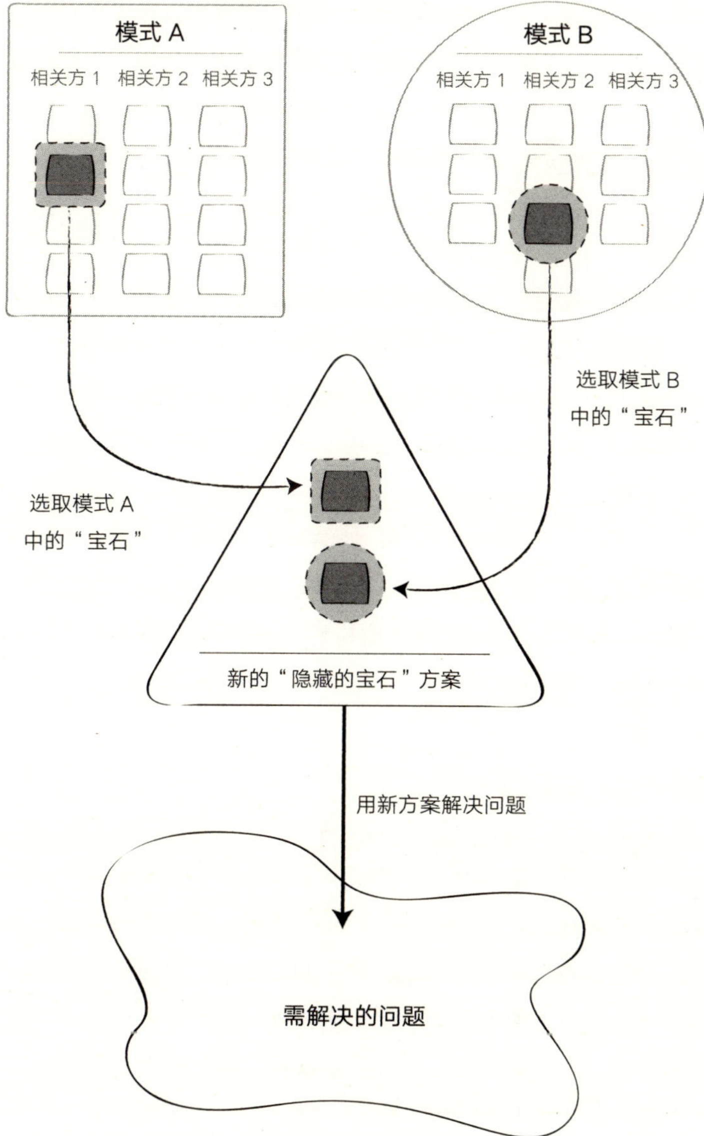

图 7-2（续） 将“隐藏的宝石”形象化

整合决策练习 CREATING GREAT CHOICES

回到你正在解决的问题。自问，如果能从每种模式中提出一个核心价值，那这个价值是什么？使用“隐藏的宝石”法来想象一个更好的方案会是什么样子，然后，整合两种模式的最大优点，同时放弃现有模式的其他特点。

任何一种创新方案都存在着很多可能的“隐藏的宝石”整合法。这取决于你最看重不同模式中的哪个优点，如何整合这些核心优点，以及在提出新方案时还会引入哪些新的因素。采用“隐藏的宝石”整合法的关键在于，确保选择的两种优点不会相互冲突。使用这一方法的过程，实际上是在寻求能够相互兼容的模式优点，并放弃相互冲突的要素。这意味着，新模式必须具备很多新的构成要素，你需要用这些新要素取代放弃的要素。你需要进行创新，设想出新的方式来获得想要的结果；还需要尝试不同的整合方法，并提出各种预案，而不是过早敲定最终方案。

路径 2，双倍下注

在扑克牌游戏“21 点”中，玩家对手上的牌增加了一倍的赌注，我们称之为“双倍下注”。玩法如下：开出两张牌后，玩家可以选择增加赌注，然后只能再拿一张牌。在这个简单例子中，当玩家手上的两张牌加起来达到 9、10 或 11 时，双倍下注是有利的。在这种情况下，玩家很有可能在拿到第 3 张牌之后，3 张牌的数字总和接近 21，但不能超过 21。通过双倍下注，玩家希望拿到第 3 张好牌，使回报最大化。

我们需要在两种对立模式中，选择有很多你看重的优点的模式进行“双倍下注”。对于皮尔斯·汉德林的电影节而言，这种模式就是开放的社区性电影节模式；对于约翰·博格而言，这种模式就是客户利益优先的公司模式。在每一个案例中，第 3 张牌来自当事者在另一种模式中看重的优点。要想“双倍下注”，需要尽可能提高最喜欢的那种模式的成功概率，然后，从另一种模式中获得重要的第 3 张牌。

就多伦多国际电影节而言，这意味着，为了获得影响力，必须把赌注压在开放性上。汉德林增加了“观众票选奖”环节，使得电影节更具开放性。同时，这么做也获得了媒体的高度关注，产生了良好的舆论口碑。在领航集团，这意味着，为了增加客户的纯收益，必须把赌注压在客户利益优先上。博格采用了低成本的指数基金让公司以客户利益优先，同时，也为客户提供了更长期的回报。汉德林和博格都放弃了自己不喜欢的那种模式的其他特点，只是从中获取最想要的优点。

“双倍下注”法的关键是因果关系。为了找到整合两种模式的结合点，需要明确最喜欢哪种模式，但这种模式缺乏一个重要的因素。因为缺乏这一重要因素，你才没有直接选择这种模式作为最终解决方案。例如：如果没有影响力，多伦多国际电影节的发展就是不可持续的。理解了最喜欢的模式，并从另一种模式中明确了前者缺少的一项重要优点之后，接下来要知道如何才能想出关键的重要因素，还需要想出如何以新的方式、在不同的条件下找出那个重要因素，并将其整合进最喜欢的那种模式。比如，更开放的电影节或者更加以客户利益优先的投资公司。因果建模通常是利用“双倍下注”法提出新的解决方案的关键工具。

与“隐藏的宝石”法一样，“双倍下注”也是从提出问题开始的。在这个阶段要问的问题是，在什么情况下，最喜欢的一种模式能够产生另一种模式中你看重的价值？图 7-3 和图 7-4 形象地展示了“双倍下注”法。

初始条件

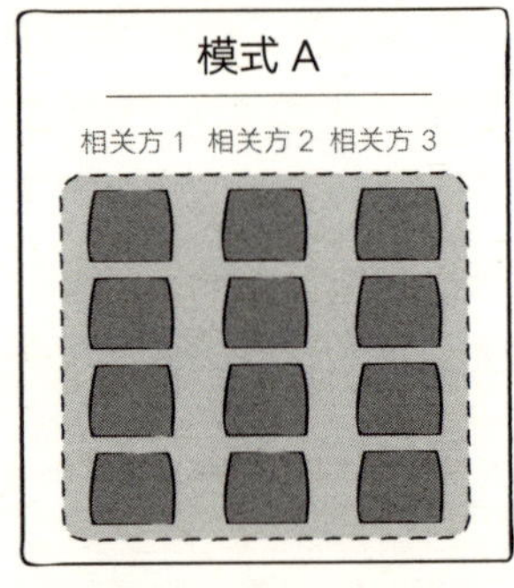

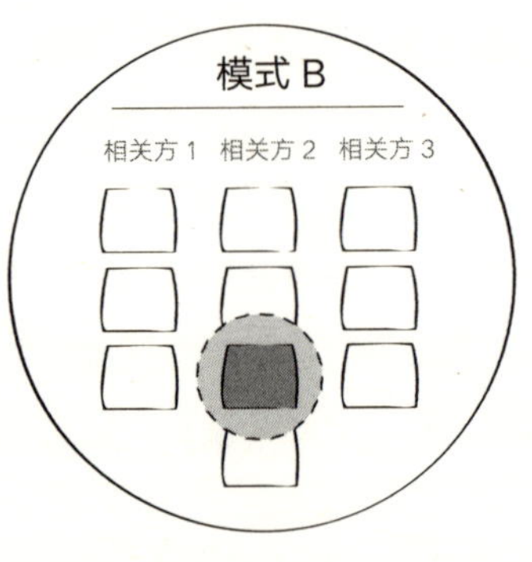

“我想要模式 A 中的所有因素，但只想要模式 B 中的一个因素。”

核心问题：

在什么情况下，最喜欢的一种模式能够产生另一种模式中你看重的价值？

图 7-3　从“双倍下注”开始

它是如何运作的？

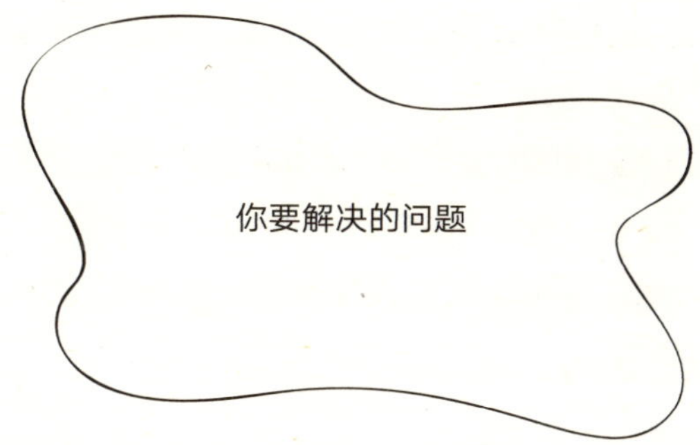

不要选择一种模式……

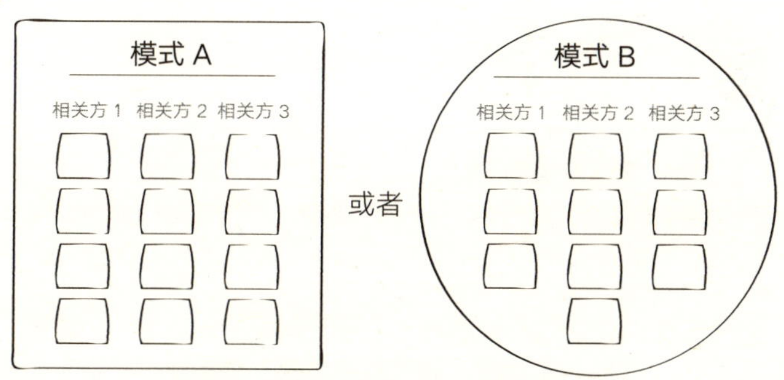

图 7-4 将“双倍下注”形象化

在模式 A 上“双倍下注”

新的方案是对模式 A 的延伸，同时包括了模式 B 中你最看重的因素

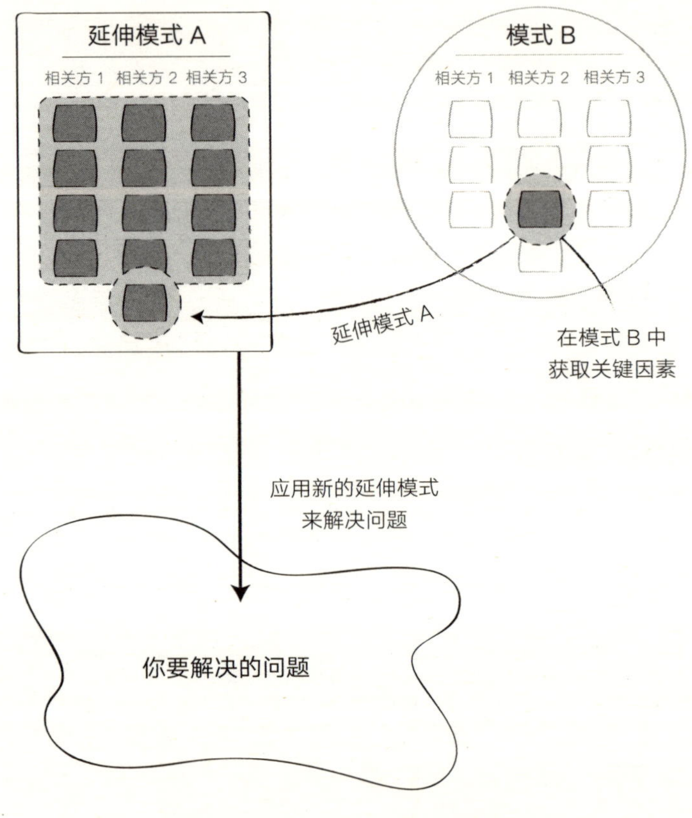

图 7-4（续） 将“双倍下注”形象化

整合决策练习 CREATING GREAT CHOICES

对于正在解决的问题，试着运用“双倍下注”法。选择一种喜欢的模式，并探索如何扩展。在另一种模式中找到你看重的优点，将之放在你喜欢的模式中。然后，对这一重要因素“双倍下注”，你就会看到，这种新的整合方案会是什么样子。

当你具备有利的初始条件时，运用“双倍下注”法就是非常合适的。比如，你真的喜欢一种模式，同时又看重另一种模式的关键价值。你也可以用这种方法来判断这些初始条件是否具备。为了推动思考，你可以问自己，无论是否喜欢这两种模式，如何才能延伸一种模式，并将其与另一种模式的核心优点结合起来？仔细思考：什么因素才能让你延伸某种模式，从而产生想要的结果？需要利用哪种新的方式来做到这一点？探索不同的做法，使这种新的“双倍下注”法生效。

路径 3，解构

整合的第 3 种路径在概念上不同于前两种。在“隐藏的宝石”和“双倍下注”中，要寻找新的方式，将对立模式整合为单一的新模式，从而有效解决面临的问题。在这两种路径下，要匹配和结合不同模式的因素，还要放弃很多无用的因素。而在“解构”法中，要求你保留现有模式的所有因素或大部分因素。关键在于，对于试图解决的问题要形成不同的理解。

有时，你面临两种都很有吸引力的模式，或者你希望能同时执行两种模式，但不知道如何实现。在这种情况下，挑战就在于如何同时做两件相互冲突的事情。你只能幻想建议企业同时执行两种模式的最佳时刻。

我在与同事达伦·卡恩（Darren Karn）完成一个项目时发现了这种现象。客户是某警察局，他们很有兴趣接受整合思维培训。刚开始，我们与现任和前任领导者进行了一系列访谈，不仅想更了解警察局，还想挖掘他们经历的故事和挑战，以便在培训过程中使用这些素材。我们发现，警察局面临的一个关键问题也是所有警察局在不同程度上面临的问题：警官是应该将工作定位于服务社区，还是应该专注于警务执法？每位警官都认为，应该把两项工作都做好，但当警官们在每一天、每一个任务中努力平衡时，就会出现根本性的冲突，而领导者就要反复解决冲突。警察局不能只是强调“同时做好两者”，要理解同时做两件事不可能比二选一更有效。领导者没有直接回答这个问题，而是让警官们自己去寻找平衡点。然而，各自为战的效果并不理想。

为了解决这类案例中的冲突，很重要的一点是要深入思考问题，专注于分析问题，让每种模式都能在解决问题的过程中发挥独特作用。这个过程是整合的过程，而不是妥协的过程，所以关键在于，提出的新模式要比仅仅说“让我们把两方面都做好吧”更有价值。

我们把第 3 种路径称为“解构”，因为需要以一种新的方式解构或分解问题，从而能单独运用现有的对立模式。然后，还要试图把问题分解成小问题，而不是忽视小问题的影响，或者在小问题之间寻求妥协。

解构难题

KPMB 建筑设计事务所的建筑师布鲁斯·桑原（Bruce Kuwabara）与同事以及一家大型整合设计团队，在解决马尼托巴水电站（Manitoba Hydro）的棘手问题时采用了解构法。

马尼托巴水电站是加拿大中部省份马尼托巴省的电力企业，为将近 100 万人提供电力和天然气。在 2002 年，马尼托巴水电站收购了为马尼托巴省省会温尼伯提供电力的温尼伯水电站（Winnipeg Hydro）。作为交易的一部分，双方同意在温尼伯的商业中心修建一座新的总部大楼，目的是要把 9 个分支机构的 2 000 多名员工整合进总部。

马尼托巴水电站的工作人员没有遵循设计新建筑的标准操作流程，而是直接迈出了一大步：受到参观欧洲相关建筑时的启发，他们开始正式执行一个整合设计流程，以探索如何在北美修建一座低能耗的标杆建筑。他们的目标是要降低能耗的 60%，同时在设计上达到卓越的建设水平。

他们组建了一支多功能团队：KPMB 建筑设计事务所、史密斯·卡特建筑和工程公司（Smith Carter Architects and Engineers 现在改名叫 Architecture49 建筑设计事务所）、特兰索拉·克利马工程公司（Transsolar Klima Engineering），以及负责建筑系统工程、成本预算和工程施工管理的 PCL 建筑公司。该团队花了一年时间，通过正式、有效的整合设计过程界定和重塑了问题。

当然，挑战是巨大的。桑原承认，在具体执行任务的过程中，他被难住了。他甚至对通过选举成立的委员会承认，他只能实现降低能耗的 50%。“我们做了大量访谈，老实说，很多欧洲公司已经做得非常好了，它们对建筑的可持续运营、外观设计和低能耗的理解更深刻。”[6]

如果桑原希望实现目标的话，就要改变设计规则。他有什么妙计呢？“我将建筑原先要实现的目标改为打造一处健康的工作场所。”在改变设计目标之后，桑原与他的助手路易吉·拉罗卡（Luigi LaRocca）为公司赢得了这单业务，但面临着复杂的整合挑战。现在，项目有了多重目标，包括如下两个：

1. 成为低能耗的建筑；
2. 成为健康而便利的工作场所。

然而，在市区写字楼办公的人都知道，这两个目标通常是相互冲突的。关于市区写字楼在能耗和舒适性上的冲突，桑原解释道："据我们所知，在多伦多商业中心的 A 级写字楼未来都会被淘汰。为什么要设计一座不根据气候变化相应调整温度的建筑呢？北美的标准是无论室外温度如何，A 级写字楼的室内温度必须保持 22℃。这意味着，在夏天人们会穿毛衣，在冬天人们会穿 T 恤。室内温度要么太热，要么太冷。为什么在住宅类高楼大厦，窗户是可以打开的；而写字楼的窗户是不可以打开的？这与维持 22℃的问题有关。"

在传统模式中，要想实现低能耗，在每一个环节都要牺牲一定的舒适性，这最终导致建筑设计师只能打造一个密闭的环境，因为实现能耗目标是优先于舒适性的。如果马尼托巴水电站办公楼的整合设计团队接受了传统模式，就不可能实现更好的方案了。但团队下定了决心，希望办公楼既能确保低能耗，又能确保舒适性。为了打造一座这样的建筑，团队必须质疑建筑与环境之间的关系背后的核心假设。

低能耗和舒适性

通常，我们认为一座建筑是提供庇护的场所，尤其是当温度太高或太低时。这种情况在类似温尼伯的地方是特别明显的。温尼伯是一座草原城市，温度跨度为从冬季的 -12.2℃到夏季的 26.1℃。[7] 当然，这只是平均值，冬季出现 -28.8℃、夏季出现 29.4℃的情况也并不罕见。由于这样的气候环境，建筑设计师自然会倾向于通过使用精密的冷热空调系统来控制整栋建筑的温度，同时将室内环境与室外环境完全隔绝开来。这种做法的潜在假设是什么呢？建筑需要与外界环境隔离，以确保室内环境的低能耗。

桑原想知道是否还有其他方式。在与室内设计师特兰索拉和其他整合设计团队密切沟通之后，他找到了新的办法，关键点就是利用城市自身的气候变化。温尼伯的北部草原地区有两种丰富的资源：阳光和风。总体而言，温尼伯每年有 2 300 小时的日照时间，而在夏季每天有 16 小时。风有时从北极圈吹来，有时也从南边吹来。整合设计团队没有考虑如何控制建筑的室内温度，而是想知道如何利用城市气候为建筑服务，从而产生低能耗和舒适性的效果。

运用整合思维需要将建筑的环境元素进行分解。通常，这些元素被认为只是一个“建筑温度控制”（HVAC）的问题，包括供热、通风和空调系统。桑原和团队思考：如果我们能将供热供冷系统与通风系统分离开来，那会如何呢？即：用前者来保障低能耗，用后者来保障舒适性。

顺势而为

通常，建筑能耗的 45% 与冷热空调系统有关，另外的 25% 与照明有关。所以，如果试图降低能耗，那么将注意力放在这些因素上是有道理的。马尼托巴水电站办公楼的做法是建造一个大型的地热系统：在建筑下面 122 米深的地方钻数百个洞，基于地热的冷热控制系统就位于混凝土板中，以便为建筑供热。这座建筑的外墙和外包层很厚。外包层是一种吸热釉面玻璃，能够利用阳光产生温室效应，提高建筑的室内温度。

所有这些方法降低了能耗。但是，如果不能提供一种新的通风方法，大楼的室内空气就会非常憋闷。于是，他们利用了温尼伯商业中心的风势。因为桑原发现，“这个地方的气候就像是海边城市，风都来自海洋”。他们没有采用传统的空气内部循环法，而是采用了让外部空气流进来，让内部空气流出去的系统。桑原说：“该建筑有 3 个 6 层楼高的通风道，每个通风道都有一个朝南的天井。这些天井非常大，也非常宽，它们能吸收所有的顺风……从而成了建筑的‘肺部’。所有的室内新鲜空气都来自外部。它们被地下通风系统“吸”进去，然后输送到每层楼的工作间。随后，这些风在不经意间被缓慢地吸收和输送到朝北的小型天井。这些天井收集起所有这些空气，并将其排进我们所谓的‘太阳能烟囱’。”

整体风向的流动是一个自然的过程，就像热空气被玻璃天井加热后上升，进入室内。桑原解释道：“这是一个自然的被动系统。我们与整合设计团队做的每件事都是要确保如何最大限度地利用被动能源系统，产生最优质的空气。与传统建筑不同，我们不循环利用空气。空气从外部进来，再被排出楼外。”目标是要为在办公楼里工作的员工打造一个健康场所，同时又要降低能耗。

马尼托巴水电站办公楼有 18.3℃的温度变化区间，而不是只有一个固定温度。它的设计初衷就是要根据外界的气候相应调整，顾及室内员工的感受。桑原解释说："我们说，'听着，员工可不是傻瓜''他们知道如何控制自己的环境'……所以我们要打造一个鲜活的'有机体'，能让员工随时控制自己的环境。"在这座建筑里，员工可以打开窗户，控制灯光。

效果如何呢？"我们打造的每个系统都是非常与众不同的，所以最终超过了能耗降低 60% 的目标。整体能耗是每年每平方米 90 千瓦时左右，而很多建筑的能耗是每年每平方米 400 千瓦时，即使所谓的低能耗建筑也有 270 ～ 280 千瓦时。"

那舒适性如何呢？空间上的设计让马尼托巴水电站办公楼拥有了更具协作性的企业文化，以及比以前的总部大楼更舒服、更健康的工作场所。桑原说："在 2 000 多名员工中，每年每人少生病了 1.2 天。这不仅事关工作效率，更事关员工健康。"这座建筑赢得了国际大奖，被誉为加拿大最著名的建筑，甚至被称为"北美最佳写字楼"。[8]

这就是解构整合法。桑原和整合设计团队没有接受现有的问题框架，即温度控制，而是质疑了温度控制的根本假设（用传统的冷热空调搭配通风系统来解决问题）。团队以新的方式分解了问题。这种解构使得团队提出了一种新的方案，打造出一座更高效、更舒适的建筑。团队巧妙地结合了两种看似相互冲突的模式的优点。

独特的模式元素

是否使用解构整合法，取决于你知道何时以及如何应用每种模式的最大优势。千万不要选择两种模式中的一种来解决所有问题，应该先仔细分辨何时以及如何将每种模式应用于问题的独特元素（见图 7–5），然后将解构建立在整体应用对立模式的基础之上。通常，这意味着，要用新的方式来看待问题的各个方面，分解问题的各个元素。这些元素通常被认为是整体的一部分（见图 7–6）。

初始条件

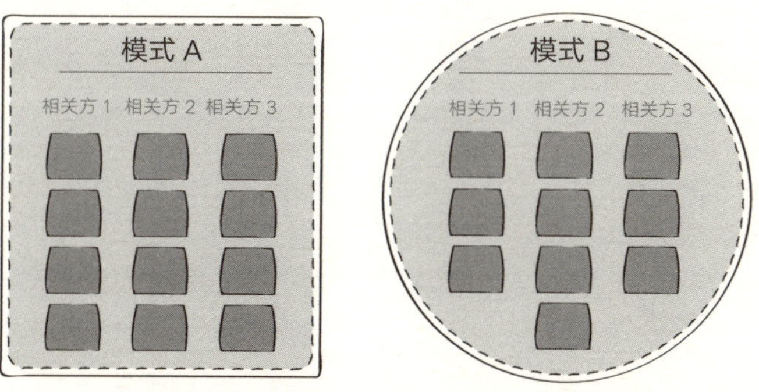

“我两种模式都想要！”

核心问题：

我该如何以新的方式分解问题，从而让每种模式都能从整体上去解决问题的某个部分？

图 7-5 解构的出发点

整合决策练习 CREATING GREAT CHOICES

回到自己面临的挑战。自问，该如何有效地分解初始问题，从而可以应用某种模式来解决问题的不同部分？在这种情况下，新的方案会是什么样子？

它是如何运作的？

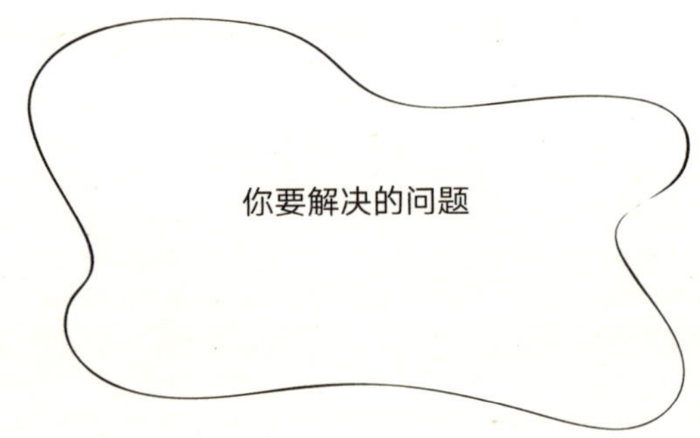

不要选择一种模式……

模式 A

相关方 1 相关方 2 相关方 3

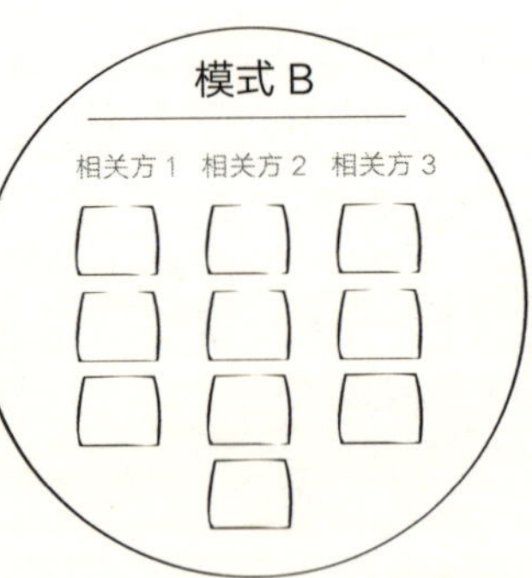

图 7-6 将解构形象化

将问题进行分解
你要解决的问题

将每种模式应用于问题的不同部分
模式 A
相关方 1
相关方 2
相关方 3
模式 B
相关方 1
相关方 2
相关方 3
将模式 A 应用到问题的某个部分
将模式 B 应用到问题的某个部分
要解决的问题（分解成两个不同的部分）

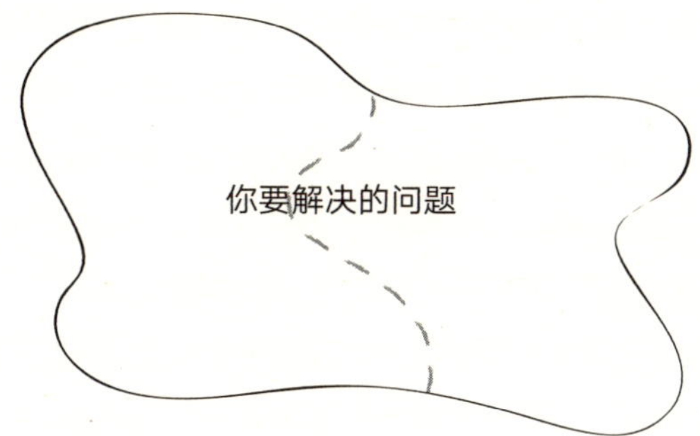

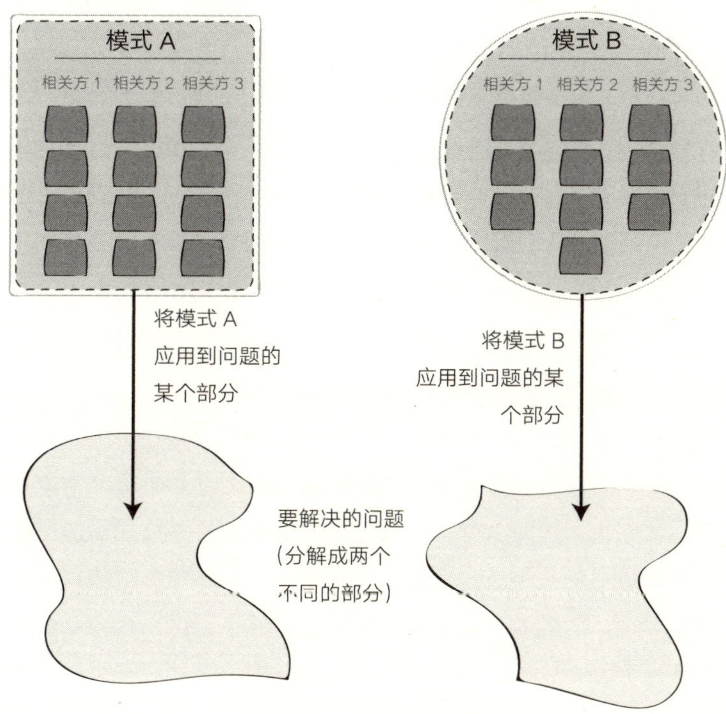

图 7-6（续） 将解构形象化

解构整合法要求深入理解眼前的具体情况。要想成功运用解构路径，问题中必须存在一条有意义的分界线。这条分界线能将问题分解成两个不同部分，每个部分都恰好地对应对立模式中的某一种模式。这需要团队深入研究问题背后的假设，才能改变对问题的理解，明确有意义的分界线。在对问题缺乏新的理解的情况下，如果你试图同时“采用两种模式”，就很有可能遇到麻烦。要在对立模式之间寻求平衡，并且这种平衡常常是不可能达到的。你应该设立更高的标准，努力提出一种新的更佳答案。

“隐藏的宝石”“双倍下注”“解构”这3类方法代表了提出创新方案的有效路径。当你面对整合挑战时，不要盯着一张白纸空想灵感，而是要通过提出如下3个问题，构思想法，设计初步方案：如何吸收每种对立模式的优点，同时放弃其他特点从而创造出一种新模式？在什么条件下，一种更有效的新模式能产生另一种模式的主要优点？如何以新的方式分解问题，让每种模式都可以解决部分问题？这3个问题可以依次应用于任何整合挑战，帮助思考和扩展一系列可能的方案。

最后，整合决策并非放之四海而皆准。不同的情况千差万别，答案也差异很大。目标是要理解面临的对立模式，运用创造力，以最恰当的方式应用整合思维。这3种整合路径只是整合的起点。它们只是一种搜寻机制，有助于你讨论各种可能的创造性方案。

任何创造性过程都要遵循一些基本规则。否则，很容易陷入琐碎的细节，或者盲目而随机地思考问题。为了围绕这 3 种路径展开有效讨论，请记住以下 3 个核心原则：

1. **在思考过程中运用这 3 种路径。**无论初始条件如何，不要过于专注某个方向或某个观点，而要持续思考，直到你产生了多种可能的方案。这些方案有可能解决模式之间的冲突，从而解决问题。总之，可以先从最接近初始条件的那个路径开始。如果真的喜欢某种模式，就先找出“双倍下注”的机会。此外，仍要尝试其他路径。如果某种路径不能产生答案，那也没关系。关键是要提出正确的问题，然后思考能从这个问题中得到哪些启发。
2. **推迟决策。**所有想法都是好主意，因为事先不知道哪个想法更好。在整合思维中，创造性方案是多种想法的组合产物，每一种想法都不足以作为最终方案。所以，要克服天性，不要急于对各种想法下定论。相反，理解你的所有想法，鼓励他人分享自己的所有看法，甚至是一些似乎很愚蠢或者不着边际的看法。谁也不知道这些想法将带来什么样的结果。
3. **理解别人的想法。**简单来讲，很多好主意来自倾听别人的看法。通常，群体成员对现有模式有着不同程度的喜好，也会看重不同的利益点。倾听他人的看法能增进彼此的了解。建议分别利用个人的、双人的和群体的头脑风暴法，确保获得各种不同的想法，并明白采纳他人的看法是整合决策必经的过程。

采纳这些根本原则能帮助个人之间建立联系、产生合作，这两种行为在任何情况下对于产生创造性方案都是至关重要的，尤其是在整合思维中。因为虽然思考始于不同的对立模式，但有些团队最终分成不同的派系，青睐不同的模式。这些派系本能地拒斥其他派系的看法。而使用这3种路径，推迟决策，倾听他人的看法，能帮助团队避免这一陷阱。

明确了各种潜在的整合方案之后，下一个阶段就是思考如何深究、完善和检验这些可能的方案。目前，你还没有准备好选择一个单一方案，而是已经形成了好几种方案，并将在下一个阶段通过测试和检验来予以评估，最终，确信某种方案并决定执行。

下文的模板可用于执行本章探讨的3种路径。图7–7指导你执行“隐藏的宝石”路径；图7–8指导你执行“双倍下注”路径；图7–9指导你如何解构问题。

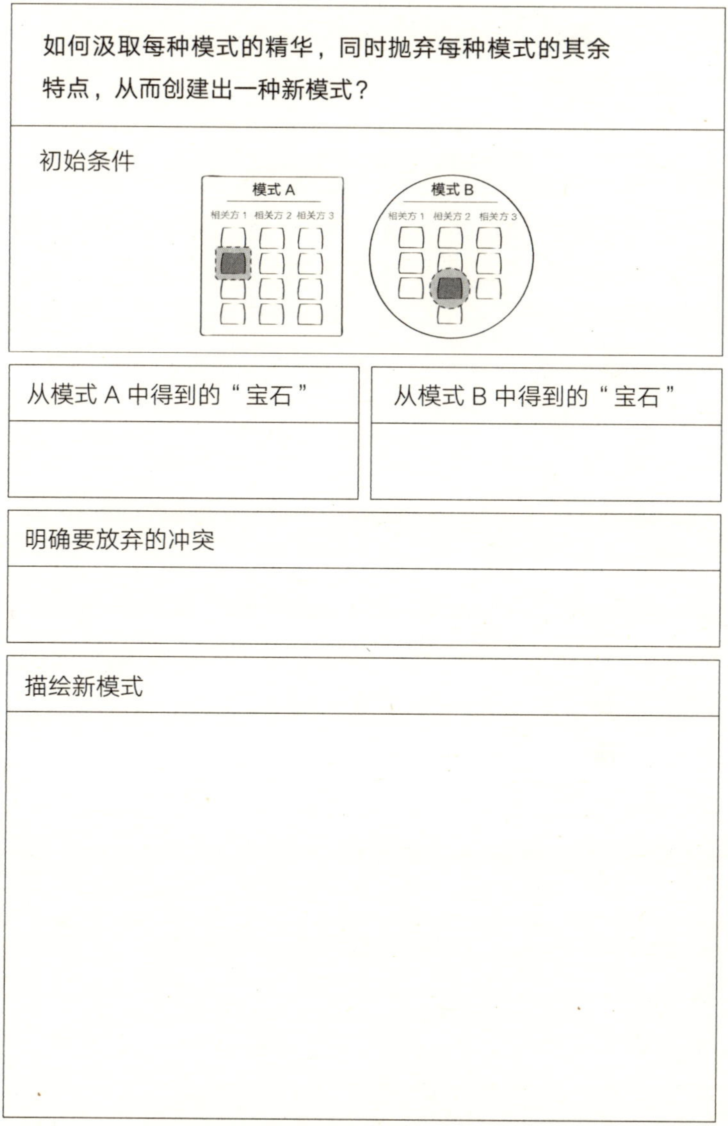
如何汲取每种模式的精华，同时抛弃每种模式的其余特点，从而创建出一种新模式？
初始条件
模式 A
相关方 1 相关方 2 相关方 3
模式 B
相关方 1 相关方 2 相关方 3
从模式 A 中得到的“宝石”
从模式 B 中得到的“宝石”
明确要放弃的冲突
描绘新模式

图 7-7 模板：“隐藏的宝石”路径

在什么条件下，一个更有效的新模式能产生另一种模式的主要优点？

初始条件

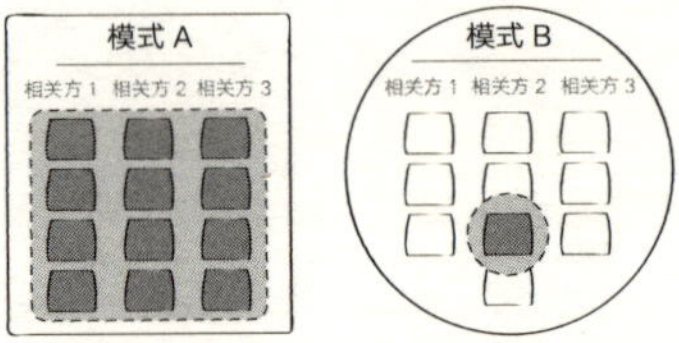

模式 A
相关方 1 相关方 2 相关方 3

模式 B
相关方 1 相关方 2 相关方 3

正在延展的模式

模式 B 中的核心元素

改进版的模式 A 如何才能产生你想从模式 B 中获得的利益？新的因果关系是什么？

描绘新模式

图 7-8 模板：“双倍下注”路径

如何以新的方式分解问题，让每种模式都可以被用于解决问题的不同部分？

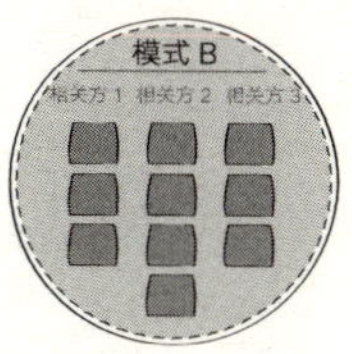

核心假设

把这个问题重新表述为两个不同的部分

描绘新的模式

图 7-9 模板：解构路径

CREATING GREAT CHOICES

08

第 4 阶段，评估初始方案，找出更好的解决方案

我不禁担心，人们也可能将每个新理论都视作一种威胁，将每个创新都视作一种讨厌的麻烦，将每一点社会进步都视作通往革命的第一步，并且一定会拒绝开展一切创新。

亚历西斯·德·托克维尔（Alexis de Tocqueville）法国政治思想家，历史学家

A LEADER'S GUIDE TO INTEGRATIVE THINKING

2001 年，当苹果公司发布 iPod 时，各方评论褒贬不一。一位科技分析师说："显然，苹果是在追随索尼的脚步，让消费电子产品成为公司重要的市场战略目标，但苹果缺乏索尼丰富的产品线，现阶段引入新的消费产品是有风险的，尤其是如果定价没有吸引力的话。"[1]

2007 年，类似的嘲讽也出现在 iPhone 发布时。一位瘾科技①的评论员写道："显然，你们都没有意识到触屏手机是多么糟糕的发明。我能预见到这种手机有一个明显而重大的问题……让我大失所望。"[2] 2010 年的 iPad 呢？它被称为 iPod Touch 的荣耀版和加大版，没有任何市场前景。

然而事实证明，在这些看衰的评论发布之后，苹果公司卖出了超过 100 万部 iPod、5 亿部 iPhone 和 3 亿部 iPad。

如今看来，那些质疑史蒂夫·乔布斯的人有些愚蠢，但他

① 美国颇受欢迎的介绍消费电子产品的网站。—— 译者注

们当时的反应是很正常的。新产品并没有得到市场检验，而且的确潜藏着风险。人们多多少少都对现状感到满意和安全，组织中的成员尤其如此。在多数企业，当一个从未被尝试过的新想法出现时，领导者们本能地会抑制这种想法，以避免可能产生的风险，他们会果断地要求："证明它行得通！"这句话基本就把路堵死了，因为新想法肯定不可能事先就能得到证明。哪怕乔布斯也不可能在产品发布之前绝对相信产品会获得成功。如果是新想法，那么就没有现存的数据去证明它是否可行。所有的数据都来自过去。

由于新想法不可能在真正尝试之前就得到证明，我们会发现自己经常处于另一种痛苦的两难选择之中。应该继续执行经受了考验的正确想法吗？至少这种想法基于现有模式的数据，我们对它的结果是深有信心的。还是应该跨出一大步，采纳未知的新想法，并盲目相信它能产生比当前模式更好的结果？

毫无疑问，这两种选项都是有问题的。

坚持现有模式会扼杀任何真正创新的希望，它会让企业处于停滞状态，并面临其他企业的挑战。后者敢于冒险，挑战现状的损失不大。而且，坚持现有模式基于一种严重错误的假设：相信现在所做的会在未来持续产生与现在相同的结果。这一假设只有在未来与现状完全相同的情况下才成立，然而这种情况很罕见。

盲目相信未知的新想法跟坚持现状一样愚蠢。抛出新想法，然后对大家说“相信我”，这不利于企业在执行新想法之前认真思考创新的价值，很可能在执行过程中遭遇预想不到的问题。如果企业习惯冒险采纳并相信未经审视的新想法，就会总是在不断做出改变，因为没有做出理性的选择，或者没有理性地坚持某种选择。

于是，我们再次面临不想面临的两难选择。我们再次希望能有更好的方案，提出一种新的模式，克服两难选择的利弊权衡，得到真正想要的结果：拥有充分的信心去执行新想法，而不是盲目采纳新想法。为此，我们需要一种思考和执行新想法的模式。这种模式既能预测结果，又能推动企业迅速采取行动。

这种模式只有在我们以不同的方式进行思考时才会出现。只有我们意识到以下 3 点，这才有可能：一是某件事没有得到证明，并不意味着不能理解它；二是不确信某件事，并不意味着对这件事一无所知；三是没有现有数据“证明”该想法的可行性，并不意味着不能找到方法，产生需要的数据，提高成功率。

评估初始方案的 3 个步骤

A. G. 雷富礼和我合著了一本战略方面的书——《宝洁制胜战略》(*Playing to Win*)。我们在书中写道，每一个战略都是在对未来下注。[3] 有些赌注很大，有些则很小；有些风险很高，有些则相对安全。但所有战略都是关于未来的，所以不可能事先知道自己的选择是否会成功。同样的道理也适用于整合思维者提出的新方案：任何整合方案都是对未来做出的一种选择，我们希望它能比现有方案产生更好的结果。在尝试新方案之前，我不能确保它符合我们的预期。哪怕在新方案获得成功之后，我们也不一定能真正知道，是否还有其他更好的方案。唯一确信的是：没有完美的方案，但有些方案的确比其他方案更好。在整合决策过程第4阶段的工作就是要找出哪些方案比其他方案更好。通过测试不同方案，最终做出选择。

评估初始方案的过程有以下3个主要步骤：

1. 具体定义每种方案，更全面地阐述该方案是如何运作的；
2. 理解各种方案的逻辑，询问在哪些条件下每种方案会成为最佳的整合方案；
3. 设计和执行对每种方案的测试，在一段时间内产生所需的数据。

步骤1，定义每一种方案

几年前，我与同事斯蒂芬妮·施拉姆（Stefanie Schram）和乔茜·冯为高中生举办了一场以创新为主题的夏令营。夏令营中最年轻的学生高迪姆是我们见过的最聪明的学生之一，他只有10岁，却极富想象力。他运用设计思维，为多伦多大学的垃圾管理和循环利用提出了新方案，构想出了如何以新的方式进行垃圾的分类和运输。他对此非常痴迷，花了几小时用硬纸板和橡皮泥构建了一个机器原型。这个机器简直就是复杂而精巧的艺术品。然而，当我们让高迪姆与其他孩子分享自己的构思时，他直接开始解释机器的物理构成，完全没有谈为什么需要这部机器，或者它将如何满足用户的需求。

关于这部机器，其他孩子提出了很多问题、质疑和挑战。实话说，这个机器非常酷了，但它怎样才能最大限度地减少学校的垃圾呢？高迪姆回避了这些问题，随着其他孩子的不断提问，他明显变得有些烦躁不安。这个机器显然很棒，但所有其他孩子都在质疑它！此后，高迪姆变得很沮丧，但又很不服气。他不认为应该改变自己的想法，也不认为解释方式有任何问题。“我认为，他们并不真正理解我的想法。”他耸了耸肩，说道。很显然，高迪姆认为是那些不理解他想法的其他孩子错了。

高迪姆的这种辩护心态并不奇怪，毕竟他只有 10 岁。但当成年人遇到自己提出的某个想法被毙掉时，也经常责怪政治，责怪他人缺乏远见，责怪企业胆小怕事。我们很少审视在与他人分享想法的过程中扮演的失败角色。我们努力教导高迪姆，他在夏令营面临的挑战是一个深刻的教训，有着丰富的意义。这个教训是：当我们的想法没有获得他人支持，并且他人也没有理解我们的想法时，至少部分责任在自己身上。原因并不在于同事缺乏远见，而在于我们没能成功推销自己的想法。

当然，问题有可能是新想法太抽象了。由于我们是通过自己的认知模型和视角来看待世界的，抽象概念会造成很多误解。当提出一个新想法时，我们很自然地专注于构成新想法的那些要素。我们觉得这些要素是最易引起共鸣、最令人兴奋、最显而易见的，于是忽略了这个想法模糊不清的要素，以及这些要素是如何共同运作的。我们认为自己的想法是完全可行的，所以没有进一步审视和挑战。其实，审视和挑战要么会让我们发现想法的各种漏洞，要么会将它变得更好。

为了改变理解和分享新想法的方式，我们可以首先努力克服思维中的缺陷。这要求我们试图理解每种方案的本质，尤其是要关注每种方案是如何整合现有模式并产生新价值的。在这一阶段，出现逻辑上的缺陷并不一定是坏事，相反，这些缺陷有可能产生新的想法。缺陷代表了一种机会，我们可以借机澄清和完善方案。随着各种方案变得更具体，它们的内涵也会变得更丰富，因为方案的抽象性大大降低了。

为了清晰地理解方案，可以运用在最初描述对立模式时使用的很多元认知工具。此时，需要提出明确的问题：这一想法的核心价值是什么？它如何整合两种模式？在哪个具体环节上，新方案比最初的模式更好？最后，如何最有效地理解和分享新方案？

为了清晰地理解和分析方案，我们建议采用 3 种方法：讲故事、形象化和物理建模。在这一阶段，建议使用文字、图像和物品来阐述每种方案。

讲故事

讲故事能将一种方案转化为一种叙事。叙事是随着时间展开的，有开始、中间和结尾。用讲故事的方式能解释这个方案意味着什么，用这个方案创造的更好的新世界会发生哪些故事。讲故事是理解和解释一种新想法的有效方式，因为人类天生就喜欢故事。故事是人们学习和分享关键信息的方式，我们的祖先就是围着营火在一起交流的。

你在讲故事的过程中能深入探索各种想法，因为故事在大脑中全面描绘了各种方案的图像。然后，你就能与他人沟通这些图像。剧本写作教师罗伯特·麦基（Robert Mckee）说：“如果你能用好想象力和讲故事的方法，那么观众就会为你起立鼓掌，而不是呵欠连天，对你讲的内容提不起兴趣。”[4]

宝洁公司前首席设计师克劳迪娅·科奇卡（Claudia Kotchka）就是一个讲故事的高手。为了给同事阐述以人为本的设计理念的重要性，她讲了一个欧托滋牌薄荷糖的故事。这款薄荷味浓郁的口香糖发明于 1780 年，现在属于箭牌公司。科奇卡描述了当她看到欧托滋薄荷糖时的感受：漂亮的金属盒上印着怀旧的字体，打开锡制盒子后，能听到衬纸发出的“沙沙”声响，闻到薄荷油的味道，看到不规则的小巧薄荷糖，似乎它们都是手工制作的，随意摆放在盒子里。她的描述让人对欧托滋牌薄荷糖产生了强烈的好奇心。

科奇卡继续描绘了如果由宝洁公司来设计这款产品会是什么样的：完美而样式统一的薄荷糖放在简单的塑料盒里，盒面上贴着显眼的标签。衬纸和昂贵的金属盒都会被放弃，形状各异的薄荷糖也将不复存在。低调的标签设计会被夸张的设计取代。瞧，欧托滋所有的独特之处全都会消失。当然，同时消失的还有客户对品牌的忠诚度和产品的高溢价。

科奇卡把想象中的由宝洁公司设计的这款产品称为“宝洁人”，这个词有时被用于称呼宝洁公司的员工。这个生动而有趣的故事打动了听众。科奇卡用故事来阐述自己的观点，这种方式比运用大量失败的创新数据来讲道理更能说服人。

整合决策练习 CREATING GREAT CHOICES

回想 iPod 的创造过程，拟一篇简短的故事，解释该产品的核心价值，以及它能给用户和苹果带来哪些新价值。此外，还可以试着用讲故事的方式来推销第 7 章中提出的方案。

对于每一种可能的方案，思考你将如何讲述关于该方案的故事，专注于如何让其他人也感受到方案的妙处。故事不必很长，或者很详细。讲故事的目的应该一直围绕帮助你和他人理解方案的核心价值。

形象化

形象化能将方案转化为图像。我们可以使用图像这种非文字的方式来传递和解释想法。就像故事的构建一样，形象化通常也很自然地出现在我们的大脑中。你可能会在科奇卡讲故事时想象“宝洁人”盒子会是什么样子，尽管你并非是刻意的。我们天生就会使用思维模型来处理复杂问题，并试图理解这些问题；我们会想象一个系统目前是如何运转的，想象一个新的系统可能会是什么样子，然后在脑海中建立这个新系统。

第 1 章曾探讨，人类的思维模型是不完美的，倾向于走捷径。当我们将观念保留在大脑中时，倾向于关注模型的某个细节，而忽略其他部分。我们还可能错误地忽略潜在的联系和假设，致使错过更好的新模型。因而，如果不把想法落在纸面上，就很难深入理解新的想法。所以，为了充分理解和最终改进我们的想法，需要在脑海中形成模型，然后把它呈现出来。画出能反映新方案核心价值的模型是最直接的方法。

实际上，画画就是将思维模型呈现在纸上。得克萨斯州的著名企业家罗林·金（Rollin King）就用这种方法来解释他提出的点到点航线方案。他在一张餐巾纸上画了 3 个点，分别代表达拉斯、圣安东尼奥和休斯敦，然后，通过增加航线，将3个点连成一个三角形。他将这张纸分享给和他一起喝酒的赫布·凯莱赫（Herb Kelleher）。这一想法成了创立美国西南航空公司的灵感来源，后来金与凯莱赫共同创办了西南航空公司。

简单的画就能传递文字无法传递的信息。谚语云，“一图胜千言”，这是有强大真理基础的。那么，是什么原因造成我们不擅长用绘画来表达思想呢？常见的原因是，人们缺乏绘画才能。可是，我们要画的内容并不需要卓越的绘画技巧。我同意丹·罗姆（Dan Roam）的说法，他说：“用图像解决问题与绘画技巧或才能完全无关。”丹·罗姆提供了西南航空公司案例。[5]事实上，只要知道如何画出12种基本形状，就能画出大多数故事了：点、线、角、弧形、螺旋形、环形、椭圆形、眼形、三角形、长方形、房屋形和云朵形（见图8–1）。[6]

图8-1 形象化的基本符号

基于由戴夫·格雷（Dave Gray）发明的这些基本的形象化符号，我们能逐步画出复杂的图形。这很像先学习字母，然后用字母去构建简单的词汇，最终构建复杂的词汇和句子。关于形象化符号的一些简单应用见图 8-2。

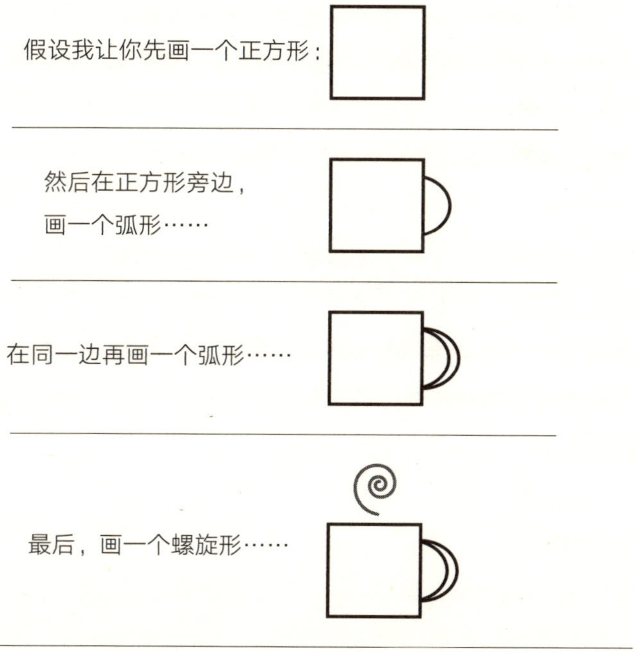

假设我让你先画一个正方形：

然后在正方形旁边，画一个弧形……

在同一边再画一个弧形……

最后，画一个螺旋形……

我们用这些简单的图形，画出了一个冒着热气的咖啡杯！更复杂的图形也可以用同样的方式画出来。

图 8-2 使用形象化的基本符号

整合决策练习 CREATING GREAT CHOICES

用这些形象化的基本符号，尝试画一辆卡车、直升机或一座工厂。然后，试着画出你在第 7 章中提出来的某种方案。

除了简单图形，当然还有更复杂的形象化符号。其中，最经常使用的就是故事板：一种用于讲述故事和寓言的连环画（见图 8–3）。可以用故事板来理解某个观念是如何随着时间发生作用的，或者呈现新方案的各种元素的。

形象化作为一种讲述故事的方法，关键在于要努力实现高效传递信息，而不是力求采用完美的形式。如果担心画得不够清晰，可以添加文字作为补充说明。再次强调，形象化的目标是帮助别人明确理解你的方案，并且让你与他人更容易分享你的方案。

物理建模

建模可以采取二维或三维形式，即物体的样式；还可以采取思维形式，诸如角色扮演之类的生活体验。物理模型能以不同的方式与其他事物互动，但无法与文字故事或用纸笔完成的画作进行互动。通过给故事和图像增加维度，就能以新的、更丰富的方式参与和体验新的方案。

典型的建模材料包括彩色硬纸板、烟斗通条、橡皮泥等，但这些都不是孩子的玩具。建模的目标是要让想法变得更清晰，而不是为了创建一个漂亮的物体，建议在早期的建模阶段采用粗糙的材料。我们发现，用的材料越好玩，就越想去构建模型。构建模型是一种非常有效的学习方式。

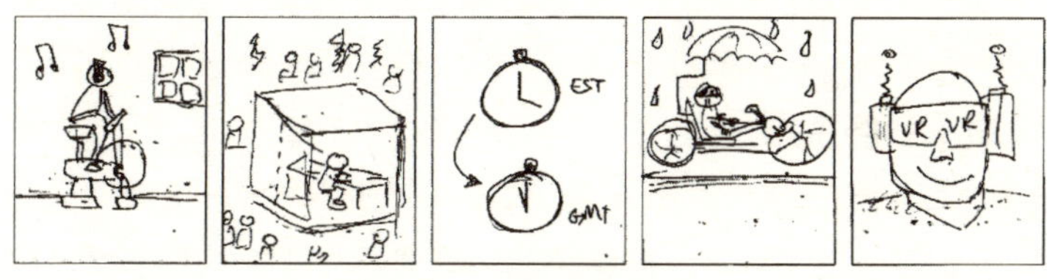

图 8-3 故事板案例

图片来源：马克·莱昂（Mark Leung）。

学校教学中经常使用物理模型。2016 年，在多伦多费正清公立学校教一年级和二年级的劳拉·弗鲁（Laura Frew）和沙龙·罗森（Sharron Rosen），向学生们提出了一个与学校操场有关的问题。学校最近扩大了规模，可以招收就读八年级的孩子。于是，高年级同学就要与低年级同学共同使用操场。然而，双方在共享运动设施和空间的过程中出现了纠纷。所以，学生们希望建立一个新操场，以保证每个学生都能享用公共设施。然后，他们构建了物理模型，并与高年级同学沟通这一方案，寻求他们的反馈。

这类模型与埃里克·里斯（Eric Ries）在其所著的《精益

创业》(*The Lean Starup*) 中提出的广受欢迎的"最小可行产品"(minimum viable product) 有共同之处。里斯所谓的"最小可行产品"不是指"能够想象的最小的产品，而是以最快速度、以最小努力进行反馈循环的产品"。他写道，最小可行产品的目标，"是启动而不是终结学习的过程"。[7]类似地，在整合思维过程中，物理建模的作用是更清晰地认识方案，以便更好地理解它。

使用工具的案例

如何使用讲故事、形象化和物理建模这3种工具来提出整合方案？回到第7章中的加拿大网球协会案例。在2005年，协会团队提出了一种发展网球运动的新模式。如果这一新战略没有获得成功，那么加拿大网球协会会感到非常尴尬，它的失败也可能造成无法挽回的损失。媒体、赞助商、网球运动员和教练，每个人都会质问："他们当时是怎么想的？"所以，把方案想得更清楚一些，并且想办法以最佳方式与相关方沟通，会十分有助于方案的推行。

首先，团队需要阐述新方案的核心价值：结合了法国模式和美国模式的优点，前者通过集中管理保证连贯性和一致性，后者为个人的个性化成长提供了空间。其次，团队要为新方案构建故事。故事内容可能是一个年轻运动员的经历，比如，一个名叫埃德蒙顿的孩子，在周末培训班或12岁夏令营中体验了集中和统一教学模式，同时又在全年剩余时间根据自己的情况，聘请教练制订了个性化的培训计划。

形象化可能会涉及通过创建故事板，来阐述运动员是如何经历从加入地区培训计划直到赢得温网青年单打冠军的。而物理建模在解释位于蒙特利尔的国家网球中心是什么样子，以及年轻球员在其中会有怎样的体验方面，是尤为有效的。

讲故事、形象化和物理建模并不是相互排斥的。团队可以使用这三种方法来帮助建立和分享模型。每一个模型都有助于你以自己的方式阐明和分享想法。所以，最好的方式就是结合这 3 种方法，在不同的情况下针对不同的受众综合使用。决定何时及如何使用每种方法考验着你的同理心水平。你、团队或受众需要听到、看到或感受到哪些内容，才能理解新方案？能明确回答这个问题，有助于用好这些工具。

步骤 2，理解每种方案的逻辑

清楚了每种方案包含或不包含哪些要素之后，就可以对它们进行评估了。这时不要问，某个方案是好还是坏。这种问题不会在团队中产生良好反应，人们会为此争论，并用好坏来评判该方案；而且这个问题本身也毫无意义，只有在尝试了某种方案后，才能知道它是否是一个好方案。你应该理解，哪种方案在某些条件下才能解决问题。

为了理解这些条件，需要回顾在整合决策过程第 1 阶段明确的最重要的相关方。回想一下，哪些相关方是最受问题影响的人，也是解决方案要针对的最重要的利益相关人。现在思考在哪些条件下这种方案会成功解决他们面临的问题（见图 8–4）？

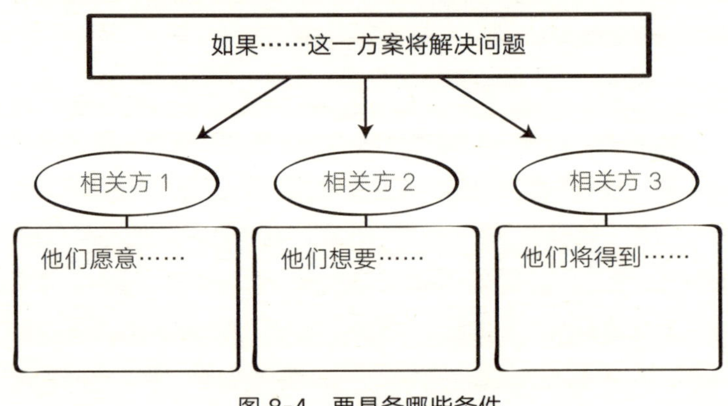

图 8-4 要具备哪些条件

你明确的条件其实就是你对世界的描述，你在这个世界中的每一天都充满各种可能性。如果这些条件具备，那么你和团队都会同意，新方案能更好地解决问题。在这一阶段，先不用讨论这些条件是否具备，只需要理解如果具备这些条件，那么这个方案是否能更好地解决问题。

具体而言，怎么才算是具备条件？回想一下约恩 · 维格 · 克努德斯托普为了掌控《乐高大电影》提出的创造性解决方案。要想使自己的方案取得成功，就必须让电影制作人以开放的态度向乐高最资深的粉丝学习，并倾听他们；乐高的股东也愿意信任电影制作人的专业判断，而不对剧本做最终的定夺；乐高的高管团队要与制作人经常沟通，但不具体干涉他们的工作。

加拿大网球协会的新战略也采用了同样的方法。其整合逻辑可以用图 8-5 来表示。

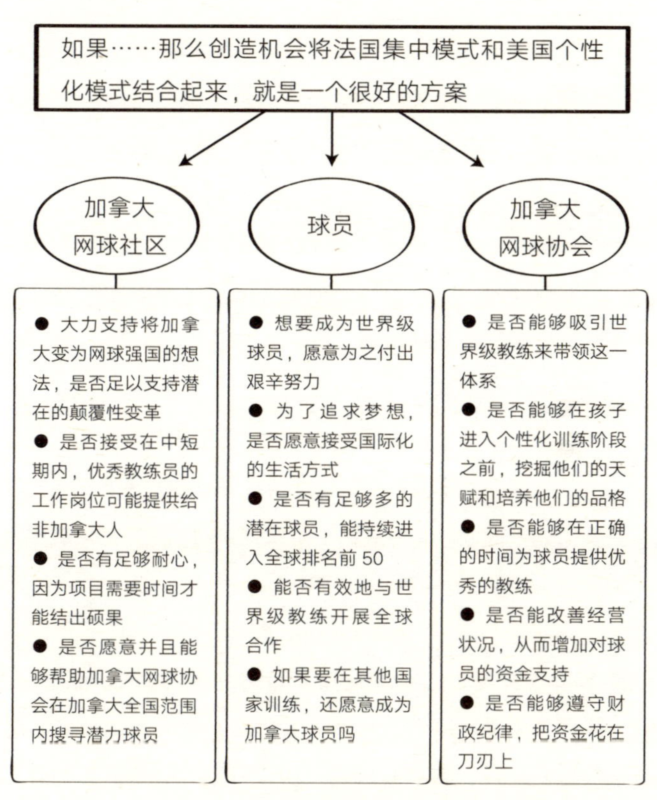

图 8-5　加拿大网球协会解决问题要具备的条件

整合决策练习 CREATING GREAT CHOICES

对 iPod 而言，要具备哪些条件才能成为一款爆品？如何真正理解消费者、音乐行业和苹果公司的需求及想法，才能让 iPod 成为一款成功的创新产品，即：如何让消费者更容易接触到数字音乐，同时也能让艺术家和唱片公司获得应有的收益？

当提出了各种新方案，理解了在哪些条件下会选择哪种方案后，你就确定了各种方案的逻辑和理由。你已经阐述了每种方案的内容，解释了其成功的条件。甚至在执行某种方案之前，你就已经为此思考良久，以更形象的方式与他人做了分享，并评估了方案在实践中可能的效果。这些做法可以用于任何想法，甚至是那些支撑数据很少的想法。即便当前不能证明方案是合乎逻辑的，但也可以清晰地阐述逻辑。

整合决策练习 CREATING GREAT CHOICES

在理解了本章内容后，对于自己提出的各种方案，你需要思考某个方案在哪些条件下会是更好的方案？记住，在思考这一问题时，要从第 1 阶段提到的相关方的角度出发。

接下来的挑战是，要决定需要具备的条件有多少是现在就有的，或者是未来能有的。你对方案已经具备的条件或者将被创造的条件越有信心，就越有可能采用该方案。获得信心的方式就是测试方案。

步骤 3，设计和执行方案测试

可证伪性是测试法的理论基础。哲学家卡尔·波普（Karl Popper）认为，任何假说要想成为可靠的假说，就必须是可证伪的，即：人们有可能证伪该假说。方案也是关于更好的未来的一种假说。根据波普的理论，不要试图证明方案是有效的。测试重点应该是，尽可能让方案经不起推敲。你可以寻找某些场景，在这些场景中这个方案需要具备的条件是不成立的，通过这种方式，你就能更深刻地理解这个方案，并且可以进一步完善它。

践行可证伪法需要一个适应过程，但它的确是深刻理解事物的一种有效方式。皮克斯动画工作室（Pixar Animation Studios）甚至围绕可证伪性来建立公司文化。皮克斯总裁艾德·卡特姆（Ed Catmull）说："现在我们认为很棒的电影，当初并非如此……想想看，老鼠准备食物的电影多么不现实；或者《机器人总动员》(*Wall-E)* 开场的 39 分钟没有任何对话是多么冒险。我们敢于尝试，但不可能一蹴而就……我们绝对相信真诚的反馈和不断的迭代带来的好处，反复打磨、再反复打磨，直到一个有瑕疵的故事找到了解决办法，或者一个空洞的人物找到了自己的灵魂。"皮克斯的每个员工都理解他们的工作是要帮助新的想法从"糟糕变得不那么糟糕"。[8] 他们实现这一目标的方法就是快速测试和迭代。

整合决策过程的最后一步就是设计和执行新方案的测试。这些测试用于简单的、初始的方案，也可以用于完全成熟的方案。但测试的重点一定要放在证伪上：想尽一切办法证明你确认的条件是不存在的，从而避免陷入确证偏见的陷阱。

不同的思维模型

这类测试或实验要求你采取与之前使用的整合思维过程不同的思维模型。当你阐述各种模式并提出新想法时，看到的是积极的方面，并想象各种可能。测试的思维模式则有所不同，它从思考转换到实践，着眼于获取关于现实世界的新数据。

如何实践呢？以加拿大网球协会为例，在实践中学习是它的核心方法。团队在测试新模式时，一方面要评估新模式最主要的实现条件，另一方面还要考虑到有限的培养经费。

团队不可能刚开始变革，就马上测试出新模式各个方面的效果。在初期阶段，关键的测试点在于，故事是否足以说服球员、父母和教练，他们是新模式的主要支持者。所以，团队一开始探讨的是模式的关键相关方，团队希望能说服他们，尤其是两位优秀教练，一位是路易斯·波费加，另一位是法国联邦国家青少年中心专业教练鲍勃·布雷特 (Bob Brett)。教练的积极响应振奋了团队的信心，也振奋了其他人的信心。

对于新模式面临的接受国际化训练的潜在风险，关键点在于，球员是否愿意接受这种做法，并且投资是否能够通过球员的良好表现而得到回报。如果模式没有真正运行，团队是很难对其做出正确评估的。所以团队决定采用与测试有关的思维模型，慢慢起步。刚开始，协会只以新的模式资助了两名球员：米洛斯·拉奥尼奇，他去了巴塞罗那；尤金妮娅·布沙尔在美国佛罗里达训练。两名球员都很有兴趣尝试新模式，并且协会很快就看到了他们的出色表现带来的回报。

从此，新模式进一步得到了运用和改进。今天它取得的成就在 2005 年几乎是不可想象的。它的成功与否不可能事先就能证明，但我们可以对它进行建模，提出逻辑理由，并测试结果。

加拿大网球协会和苹果公司的例子也证明了这一点。事实上，如果还没有提出能解决问题的新方案，那么实现方案要具备的条件也就根本不存在。在这种情况下，你需要问，自己能创造那些条件吗？也许现在还没有足够大的消费者基数，还不能确信新方案是可行的，但你能想出一种办法来产生这样的消费者基数吗？这是一个探索如何创造你想要的东西的过程。答案也许不明显，这一步确实需要想象力的飞跃。此外，它需要一种始终对任何可能性持开放态度的心态。这种思维模型有助于完成整合决策的全过程。这是结语部分要探讨的主题。

为了便于记录提出和测试方案的过程，我们提供了一组模板。图 8–6 可用于定义各种方案。图 8–7 便于理解备选方案的根本逻辑。图 8–8 和图 8–9 用于设计和执行方案测试。你还可以使用图 8–10 跟踪测试结果。

这一方案的核心价值是什么？

用一段话讲述新方案的故事

以画画或故事板的形式将新方案形象化

图 8-6 模板：定义方案

潜在的解决方案 （如下情况必须真实……）		
相关方 1	相关方 2	相关方 3
• • • • • • • •	• • • • • • • •	• • • • • • • •

图 8-7　模板：理解逻辑

<table>
<tr><td colspan="3">列出能解决问题的新方案必须具备的主要条件</td></tr>
<tr><td>1.</td><td>2.</td><td>3.</td></tr>
</table>

<table>
<tr><td colspan="3">对于每个主要条件，设计一种不需要额外资源现在就可以运行的简易测试方案</td></tr>
<tr><td>1.</td><td>2.</td><td>3.</td></tr>
</table>

<table>
<tr><td colspan="3">投入较少的时间和资金，设计一个可以在几周内执行的小规模测试方案</td></tr>
<tr><td>1.</td><td>2.</td><td>3.</td></tr>
</table>

<table>
<tr><td colspan="3">如果时间和资金都不是问题，就设计一个可执行的最佳测试方案</td></tr>
<tr><td>1.</td><td>2.</td><td>3.</td></tr>
</table>

图 8-8 模板：设计测试

列出各个方案的测试顺序，说明为什么要如此排序

设计测试时间表

图 8-9 模板：对各个测试方案进行优先排序

新方案

测试

个人责任

测试描述	被测试的条件
证明的标准	测试结果

评估（通过、失败或不确定）

图 8-10 模板：跟踪测试记录

CREATING
GREAT
CHOICES

结语

整合决策的价值

A LEADER'S
GUIDE TO
INTEGRATIVE
THINKING

联合利华的商业模式

1887年，利华兄弟公司（Lever Brothers）在英格兰的柴郡买了一块土地，以扩大肥皂生产规模。但首席执行官威廉·利华（William Lever）还有一件比建工厂更感兴趣的事，他想要建造一个社区。之后的20年，他督导建设了一座定制设计的城镇。这座城镇占地约0.5平方千米，修建了艺术馆、医院、学校、音乐厅、游泳池和一座教堂。威廉·利华的愿景是，用公司的顶级品牌“阳光港口”作为城镇名，为工人们建造一座模范城镇，让他们在那里接受教育、宗教和艺术等领域的熏陶，丰富精神世界。

威廉·利华写道，这一想法是要“让商业关系社会化和宗教化，回到以往手工业时期家族关系亲密的美好时光”。[1] 他说，这对工人是件好事，对自己的事业也是件好事。他认为，健康、开心的员工会有更高的生产效率，尤其是当他们看到自己在艰苦工作之外还能享有如此优美的环境时。所以，他用公司利润打造了这座城镇。

1903年，利华兄弟公司拿出了10%的利润用于建造阳光港口镇。在威廉·利华看来，这是最有效的利润分享方式。

> 如果采用常见的利润分享模式，那么我会在年终让工人们到财务室，对他们说："你们每个人将得到8英镑奖金，这是你们应得的，它属于你们。拿着吧，想怎么花就怎么花。可以交公租房的租金，可以在圣诞尽情狂欢，可以做你想做的任何事。"但我没有这么做，我告诉他们："8英镑很快就会花光。你用它买瓶威士忌，或者买很多糖果，或者为圣诞节买一只肥鹅，这些都不会给你带来多大好处。然而，如果你把钱交给我，我会用它来建造漂亮的房子、舒适的房间和健康的游乐场所，这会让你们的生活变得更美好。"[2]

这些话听起来像是现代父母对孩子的关爱，但在那个时代，很多企业家根本就没想过要让工人生活得更好，或者曾经试图这么做，最终以失败告终了。在20世纪初，大多数工人都生活在拥挤的公寓里，卫生条件很差，公共设施严重匮乏，疾病和贫困四处蔓延。对于那些愿意放弃威士忌和糖果的工人而言，阳光港口镇似乎是乌托邦。然而，阳光港口项目却持续运作了下来，直到20世纪80年代，利华兄弟公司和荷兰一家人造黄油公司合并成联合利华公司，所有的工人都成了全球跨国公司联合利华旗下的员工。

威廉·利华留下的遗产既有他建造的城镇，也有联合利华公司的一部分，如今联合利华已经是全球最大的消费品公司之一，拥有超过400个产品品牌，包括德芙、Becel和立顿，每年实现营业收入530亿英镑。首席执行官保罗·波尔曼是一位语气温和的荷兰人，他曾在宝洁工作了很长时间并在雀巢短暂工作过一阵，之后来到了联合利华。他开始反思威廉·利华的模式。[3]

波尔曼对这种模式进行了深入思考。他于2009年加入联合利华，成为公司历史上第一位“空降”的首席执行官。当时，全球经济正进入金融危机后的困难时期。在纷扰的时代背景下，他却看到了新的机会。波尔曼解释说：“我总是有点担心金融行业的过度发展。至少在我看来，非常清楚的是，我们的体系仍在正常运转。在很多人看来，毫无疑问，运转良好，但实际情况并非如此。我们需要一种不同的商业模式。”他开始试图创建一种新模式。

波尔曼让团队认真思考，威廉·利华所谓的“共享繁荣”究竟意味着什么。很快，公司启动了联合利华可持续生存计划，它的愿景是要降低公司发展对环境的负面影响。这意味着公司的目标是要提升品牌形象，同时减少对环境的破坏。公司想打造这样的世界：“在其中，每个人都能衣食无忧，而且都能充分意识到地球资源的有限性。”[4]更重要的是，为了执行计划，联合利华必须要在整个供应链，“从农场到餐具”承担起相应的环境责任，而不是推卸责任。

初看这很像是典型的企业承担社会责任的行动。但波尔曼的抱负远远超过了传统的企业社会责任的范畴，他将传统行动等同于“减少对环境的负面影响，或者做一些自我感觉良好的事情”。他说：“你必须真的要显示出，企业行为的确能为解决环境问题做出贡献。”可持续生存计划是联合利华尝试解决全球最具挑战性问题的方式之一，而不只是空谈。

波尔曼新商业模式的另一个要素是对投资者采取截然不同的方式。长期以来，他担心短期投资对公司长期健康发展的负面影响。毫不夸张地说，过去 10 年，资本市场过于追逐短期利益。以 2015 年为例，美国股市的年换手率超过了 300%，这相当于平均持股时间只有 17 周。交易所交易基金，即在交易所交易的一篮子股票甚至更夸张，预估持有时间只有 29 天。[5] 但这并非惯例。据波尔曼称：“在 1960 年，投资者对联合利华的平均持股时间是 12 年；在 15 年前，只有 5 年。”[6]

这种追逐短期利益的转变意味着，投资在某种程度上就是投机。约翰·博格已经指出，这种投机方式对于投资者而言是很不利的。波尔曼意识到，追逐短期利益同样不利于企业发展。如今，首席执行官们不再把精力放在夯实企业发展的基础上，而是想尽一切办法刺激短期股价上涨。这种做法只不过是提高了市场对企业的预期，并没有为企业创造真实回报。股价上涨了，企业却没有进步。

波尔曼决心解决联合利华的短视问题：“我必须要做的一件事，就是提出企业的长期规划。我们已经为追逐短期利益付出了代价，削减了在资本、研发、IT 方面的开支，以满足市场的预期。我们在品牌上的投资以季度为周期，而不是基于做正确的事情，因为做正确的事情在短期内看不到效果。我们一直在迎合短期投资者的诉求。所以，我说，‘我们将停止发布季度业绩报告，将停止引导’。”

当波尔曼在 2009 年宣布联合利华的新政策时，公司股价下跌了 8%。然而，他不为所动，坚持把自己的想法传达给投资者。波尔曼说：“我向他们解释，我们将着眼长远目标来运营公司。我们将增加在员工培训和成长方面的投入，将增加在 IT 设备上的开支，将增加在品牌塑造方面的投入。”这些投资需要一些时间才能看到回报，并且它们可能会让股价在短期内出现下跌。所以，波尔曼呼吁投资者从长远角度来看待公司。

有些投资者欢迎波尔曼的决定，而有些则反对并卖掉了所持股票。对此，波尔曼并不介意。他看到首席执行官们花了太多时间去迎合现有的投资者，而他们永不可能对公司的股价感到满意。因为公司股东太多，利益诉求各不相同，波尔曼说：“他们各怀心思。如果要基于他们的预期来运营企业，那你肯定会疯掉，而且很有可能将企业搞得一塌糊涂。”

波尔曼决定不迎合短期投资者的利益，而专注于吸引他想要的长期股东，这些股东将看重公司长期的真实回报，而不是短期股价。新政策取得了效果：联合利华的前 50 位股东如今已经持有公司股票超过 7 年了。

双倍下注

波尔曼在规划这一战略时，也曾感到万分纠结：一方面他想从长期角度来运营公司，另一方面又要满足股市投资者的短期利益。但他认为，聚焦于长期利益对公司和各利益相关方都更好，它为长期投资、整合外部资源和激发创新提供了空间。满足短期利益是资本市场的要求，包括被强制要求提供季度业绩报告。聚焦于短期利益很可能让投资人更开心，因为满足投资人利益是公司当时的首要目标。

波尔曼既想让短期投资者感到满意，又想让公司实现长期发展。但像大多数首席执行官一样，他不可能通过二选一的方式做到鱼和熊掌兼得。他对长期模式“双倍下注”，用完全透明的运营方式让股东感到满意。新方案与满足短期投资者的诉求无关，而是为了吸引新的长期投资者。这些投资者能从公司的长期发展和可持续增长中得到满意的回报。

新方案建立在非常清晰、坚定的原则上：“透明机制产生信任……我们花了大量时间解释，为什么对社会负责的企业模式才是对长期投资者更好的模式。我们对投资者表达得很清楚，这种模式会让公司的业绩更具持续性，公司每年的成长速度将会高于市场平均水平，公司的运营也会变得更稳定。”波尔曼完全能接受联合利华的新战略可能不会每年都带来最高的利润率这一事实，他承诺联合利华会一年比一年更好，而事实确实如此。

波尔曼的立场

波尔曼像我们认识的很多其他整合思维者一样，倾向于实事求是地谈论问题解决之道。约翰·博格将指数基金描述为“显而易见”的方案，波尔曼认为他的新商业模式也是一个相对简单的方案。“我从不相信可以在短期利益和长期利益之间实现平衡。”他说。他知道需要一个既有利于联合利华，也有利于整个世界的更好的方案。他能克服平衡两难选择的冲动，而很多人却做不到，当被问及其中有什么诀窍时，他很直率地说：“我认为试图求平衡是一种推卸责任的做法。任何首席执行官都能决定，自己的薪酬不应该过高；如果需要做出改变，而且重视改变的话，任何首席执行官都能决定应该站在从长计议的角度……我认为，这种领导者身上该有的勇气正在逐渐消失。他们的借口是，市场不允许你这么做。但有些事情市场是不会明白的，市场也有局限性。我们有权站在更开阔的角度去做出决定。”

换句话说，波尔曼认为，他的工作职责就是要提出更好的解决方案。他还认为，完成这一任务在自己的能力范围之内。这就是波尔曼的生存之道，他对于世界如何运转的看法。事实上，这种看法或立场对于整合思维而言是非常重要的一环。

你的立场决定你的行为

在《整合思维》一书中，我将“立场”定义为“你如何看待周围的世界，包括如何看待世界中的自己”。[7]立场是关于整个世界的思维模型的总和，是对世界以及你在其中所扮演角色的认知框架。我们的同事希拉里·奥斯汀（Hilary Austen）在研究艺术的时候，使用了“指向性知识”（directional knowledge）这个词来表达与“立场”同样的意思。它包含身份和动机两个维度：你是谁和你想要做什么。她写道，指向性知识“为实践提供了方向……在很大程度上它是静默的、深藏于心的。它很少审视自身，除非是在个人实践的关键转变时期”。她认为，你的立场“是悄然形成的，并且经常被视为是理所当然的”。[8]

只需要稍加审视，你就会发现，立场在生活中扮演着重要角色。立场关乎这个世界，关乎你在这个世界中的角色的立场，驱动着你以某些特别的方式行动，而不是以别的方式行动。这些行动决定了你的行为结果。

两位厨师

立场如何影响行为呢？举两位厨师的例子。他们接受培训和从业的时间都是一样的，用的都是同样的专业厨房、食材和工具。他们还有相同的行为意向，都想做出上佳的红烧牛肉。唯有他们看待厨师这份职业的立场不同。

一位厨师相信，食物本身就是一切。他认为厨师的工作就是使用最好的食材，以最佳的厨艺水平为客人认真烹饪。他做出来的菜品很简单，但很可口，散发着香气。

另一位厨师则有不同的看法，她相信，食物是艺术，我们首先感受到的是视觉印象。所以，她的工作就是要让菜品既美味又美观。她做出的菜品精致漂亮，一丝不苟，摆盘很有艺术感。

这两位厨师做出来的菜肯定大不相同，客人的体验肯定也有很大差异，尽管食材、工具和意图都是一样的。这就是每位厨师的立场带来的极为不同的结果。

斯坦福大学教育学教授卡罗尔·德韦克（Carol Dweck）做了大量研究，表明不同的思维方式会对生活产生巨大影响。德韦克在2006年的著作《终身成长》（*Mindset*）中，重点就是在探讨立场的一个特殊方面：是否相信智商是固定不变的。她比较了两种不同的思维模型：一个拥有固定型思维模型的人会把自己的个性，诸如智商、创造力和幽默感，看成是终身都恒定不变的，就像是“刻在了石头上”一样；而一个拥有成长型思维模型的人则相反，相信基本的个性是可以通过努力和专注随着时间培养出来的。[9]

德韦克对 5 年级学生做的实验表明，不同的思维模型对应了不同的行为。德韦克及其团队让孩子们完成一些有趣而有答案的谜题。孩子们对这些很感兴趣。但随着题越来越难，拥有固定型思维模型的孩子不再享受解谜的过程，放弃了继续探索的机会，然后打算回家再思考。而拥有成长型思维模型的孩子“完全沉浸在难题之中”，还要求尝试更多类似的谜题。[10] 德韦克发现，如果你的立场是“聪明是天生的”，那行为方式就会与这种思维模型相匹配。而且实际上，一旦停止学习，就不可能随着时间的推移变得更聪明了。

学习模式

幸而，像智商这样的特征并非是固定不变的，它可以发生改变。但只是希望拥有更有成效的立场是不够的，因为我们正在努力克服单环学习（single-loop learning）的天生倾向。这是我的导师克里斯·阿吉里斯提出的一个有用的概念。[11] 具有这种倾向的人当得到了不想要的结果时，就会回头审视，质疑产生该结果的行为，然后改变和调整自己的行为，以期未来会有更好的结果（见图 9–1）。

这种学习模式似乎是件好事。毕竟，难道我们不应该总是从反馈中吸取教训吗？的确是这样，但单环学习是一种“近视法”。它只是把关注点放在最近发生的事情上，即我们采取的行为，却忽略了更根本的因果力量：驱动行为的思维模型，包括理由、理性和情感。在面对负面结果或者正面结果时，我们很少反思思维过程，更不用说探索形成想法的立场了。然而，只有理解了立场，才能理解这些想法是如何产生某种后果的。如果我们的推理过程通常是在潜意识中进行的，那我们的立场就更是如此了。这会妨碍理解立场是否正确，也会妨碍探究立场对结果的影响。

什么行为导致了这种结果？

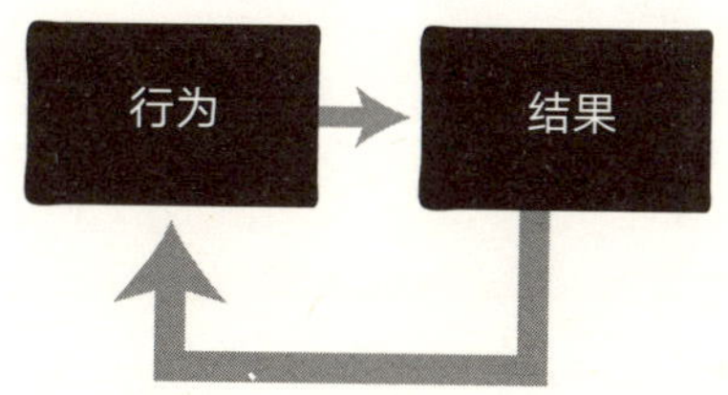

这种行为产生了想要的结果吗？

如果没有，那就改变行为！

图 9-1　单环学习

这种影响的确存在。假设一位年轻人詹森，正在找一个女朋友。他不知道有约会社交软件，而是直接去了酒吧，试图与第一个遇到的有魅力的女性搭讪。如果搭讪成功，那詹森的立场就会得到强化：在酒吧找女朋友真是个不错的办法。但如果搭讪未能成功，那詹森通常就会给出如下解释：遇到的人不合适，或者没有很好地表现自己。总之，天时地利人和等条件都不具备。詹森不大可能质疑在寻找约会对象，以及关于人际关系和爱情关系方面的根本思维模型。很有可能他最终依然停留在单环学习模式中。单环学习不是最佳学习模式，有时虽然能产生好的结果，但不能正确面对糟糕的结果。单环学习模式很容易让我们停滞不前、产生困惑、不断犯错。

相反，双环学习（double-loop learning）则需要我们反思行为的理由，探究产生了某种结果的思维方式。阿吉里斯把质疑过程比作记者的刨根问底。当然，记者可以收集大量的信息，包括发生了什么、是什么行为导致的，但首先要搞清楚为什么那些行为会发生，这一点非常重要。一旦你知道了原因，真正的学习就开始了（见图 9–2）。

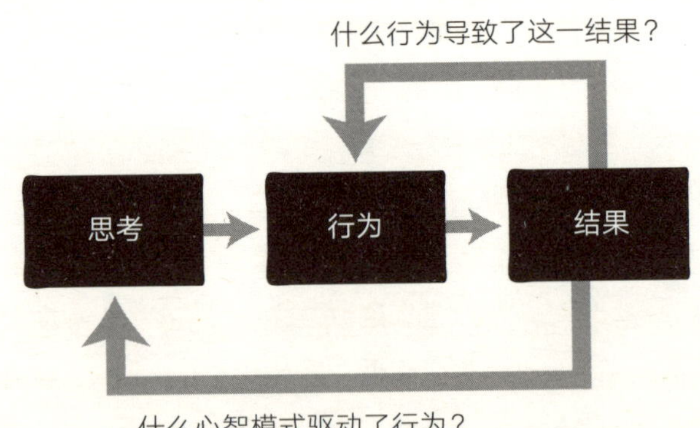

图 9-2 双环学习

产生具体行为和相应结果的原因是特殊的思考和推理过程，但也与更普遍的人生立场有关。简而言之，当你试图理解结果，尤其是如果希望在未来得到不同的结果时（见图 9–3），反思思维模型和立场就非常重要了。

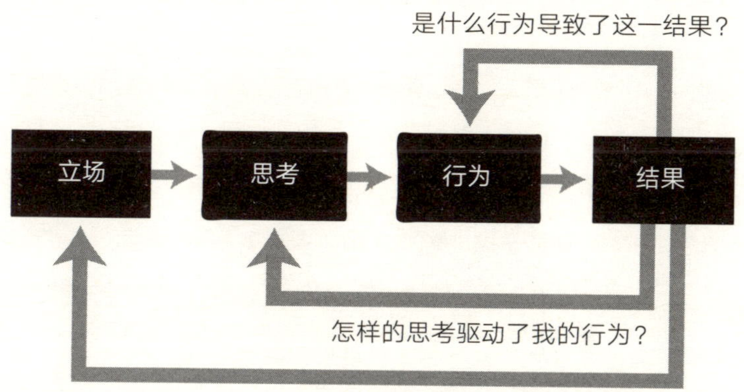

图 9-3　循环至立场

这一切意味着什么呢？它意味着我们愿意采用元认知方法，不仅在解决特殊的商业挑战时使用这种方法，而且也在日常生活中使用。它意味着我们需要思考，怎样的思维过程导致我采取了这种行为？怎样的立场产生了这种思维模型？在多大程度上立场能帮助我产生想要的结果？如果立场对我不利，那我该如何转变立场？

这些问题都不好回答。改变立场的任务很艰巨。怎么可能改变还没完全理解的东西？所以，先增进对自己立场的了解十分重要，而且应该主动去了解，而不是在发生了危机之后才这么做。渐进的反思过程能让你有意识地看清自己的立场。在此过程中，你应该问自己是怎么想的及其原因。

整合决策练习 CREATING GREAT CHOICES

反思决策的立场。你相信的东西是有效决策者的特质吗？比如，快速思考和灵活。有效决策模式能说明你认识世界的方式，以及你在世界中扮演的角色吗？比如，关于世界，你的立场可能是“第一个得出正确答案的人会得到奖励”；关于你的角色，你的立场可能是“我必须快速得到正确答案”。那么，你的哪些行为会受到立场的影响？你的立场如何在每天的生活中发挥作用？比如，“如果团队能很快做出决策，并理由可信，我就会奖励他们”。最后，无论结果好坏，哪些结果是由你的立场、思考和行为造成的？比如，“团队在快速行动方面做得很好，但当需要合作时，总是争吵”。

关于处世之道，没有唯一正确的立场，也没有唯一的成功之道。那些成功运用了整合思维的学生和领导者，既把整合思维看成是一种思考过程，又把它看成是一种生存之道。他们在利用经验的过程中运用了整合思维，用新办法解决难题并提出了从未有过的更佳方案，最终形成决策立场。这一立场的元素包含你如何看待世界，以及你在世界中扮演的角色。我们将与你分享而不是建议你拥有某些立场，举这些例子不意味着你应该拥有这些立场。我们只是希望激发你反思自己的立场，看是否会有什么新的见解。

这个世界是……

1. 复杂的，所以我们是通过简化模型来理解它的。但这些模型是人为构建的，多少存在一些错误。
2. 不同的人对世界有不同的理解。这些看待世界的对立模式为我们改进自我认知模型提供了机会。
3. 随着时间推移，只要我们对新的方案保持开放的心态，就有很多改进的机会。

因此，我的工作是……

1. 更清晰地理解自己的思维模型，以开放的姿态探究，从而更好地理解自己认知世界的思维模型。
2. 真正探究相互对立的世界观，以更好地理解和利用对立模式。
3. 耐心寻找答案，解决对立模式之间的冲突，并提出新的解决方案。

你关于世界的认知模型

为了让整合思维成为一种生存之道，相信关于世界本质的3个要素至关重要。

1. 世界是复杂的，所以我们是通过简化模型来理解它的。但这些模型是人为构建的，多少存在一些错误。

人们天生喜欢知道事情的结果。如果觉得事情还没有结束，我们会一直处于认知的边缘。事情的终结会让我们在生理上得到安慰，大脑会感到很愉快，这会更加驱使我们去追求认知闭合（cognitive closure）。认知闭合是一个心理学术语。我们从事情的终结中获得确定感，并不是一个纯粹理性的过程。相反，它是一种深刻的情感，一种知道自己快乐、安心、相对稳定的感觉。[12]

只有在我们重新看待认知闭合时，整合思维才能成为一种生存之道。在运用整合思维的过程中，我们绝不会急于在不同模式之间做出选择。无论我们多重视自己相信的模式，它都仅代表了一种模式，而且它是有缺陷的。保罗·波尔曼在提到主宰了商业领域的认知模型时说，"首席执行官们学到的很多知识都与现实世界中的问题格格不入。但因为只学到这种认知模型，所以一直处于自我强化的过程中……情况变得越来越糟糕"。

整合思维没有盲目接受传统认知，而是质疑它的前提假设，努力理解传统认知中的不完美之处。只有我们认同所有的认知模型都是人为构建的、不完整的，才能做到对传统认知进行反思。如果确实如此，那么对立模式就能发挥作用了。

2. 不同的人对世界有不同的理解。这些看待世界的对立模式为我们改进自我认知模型提供了机会。

认知模型是有局限性的，如果我们不能理解与自己相反的认知模型，就不能发现并理解它们的局限性，并加以改进。前文曾详尽探讨，我们很容易将与自己相反的认知模型看成是错误的模式，还将相信这些认知模型的人看成傻瓜或坏蛋。当听到与自己不同的看法时，我们的第一反应就是拒斥并离得远远的。而在运用整合思维时的做法不同。面对相反的观点，整合思维者的反应是，“我们没有想到这些，请多说几句”。

哈雷在读 12 年级时就研究了整合思维，她总结了这种做法的好处：“以前，老实说，我可能说得很多，但听得很少。我认为，有件事情非常重要，那就是意识到你的想法不都是正确的。你不能认为自己总是比别人更高明。懂得每个人都对对话有所贡献，甚至是那些话少的人，这非常重要……他们真的可以表达出一些很有价值的想法！”

通用电气前首席执行官杰克·韦尔奇（Jack Welch）在 2005 年与罗杰对话时分享了类似的观点：“我希望能与团队成员进行充分讨论，不希望所有人都坐在那里不说话。那真是世上最浪费时间的事情。”排斥对立观点也许是本能，但我们可以稍稍加以抑制，让认知模型变得更完善。

实际上，以开放心态看待对立模式是出于好奇心。培养好奇心的一个最佳案例是加拿大邮政局的例子。在过去5年，加拿大邮政局承诺通过“领导力2.0高管培训项目”，让所有高管接受整合思维训练。早期的某批学员参与了一个颇有难度的行为学习项目。这个项目的目标是建立一个新的团队规则：无论何时何地提出了相反的看法，无论看法是与项目本身有关的内容，还是与团队协作有关，团队成员必须立即为两种独立观点列出“支持/支持”清单。这成了团队成员沟通的一种方式，帮助团队养成了探究对立模式的习惯。它改变了团队面对对立模式时的运作之道。

3. 随着时间推移，只要我们对新的方案保持开放的心态，就有很多改进的机会。

整合思维者认为世界充满了各种可能性，人类历史就是在不断改变和完善人们对世界的认知。比如，在科学领域，我们曾经认为牛顿发现的物理规律是正确答案，用牛顿定律理解现实世界长达数百年。我们都希望它是最佳模式，但爱因斯坦出现后，我们才发现牛顿定律只是一种非常好的模式，并没有解决所有重要的问题。而爱因斯坦提出了一种新模式，大大推进了人类对世界的认知。

整合思维理论认为，即使更好的答案不是显而易见的，也是有可能存在的。一个新的更佳答案隐藏在某个地方，等待着我们去发现。这一立场在某种意义上讲是很难的，因为对所有问题的尝试并非都能形成更好的整合方案，你不可能总是会找到想要的方案。但如果你完全忽略各种可能性，只认可已经知道和相信的看法，那改进认知模型的可能性就很小了。

这并不意味着你永远不行动，因为你总是想寻求更好的模式。你要在寻求更好的答案和在限定时间内解决问题之间取得平衡，这很重要。通常，这意味着要暂时接受不完美的方案，并知道这个方案可以随着时间推移在应用过程中不断改进。它还意味着，你要偶尔质疑目前运转良好的模式，看看是否有可能进一步改进。这正是 A. G. 雷富礼在宝洁当首席执行官时的标志性行为。他经常在会议上随机扔出一个问题，让大家讨论是否还有更好的解决方案。

你在世界中扮演的角色

个人立场还包括对自我和身份的理解。整合思维者看待自己在世界中的角色，也存在 3 个要素。

> **1. 我的工作是更清晰地理解自己的思维模型，以开放的姿态探究，从而更好地理解自己认知世界的思维模型。**

整合思维并不意味着完全放弃现有模式，或者失去认知世界的信心。它是一种非常微妙的立场，“我对自己的认知模型感到很满意，很喜欢自己的想法，但是知其局限。所以，我会质疑它，开放地对待他人的观点，以期更清晰地理解自己的认知局限”。

这种平衡性的观点既需要你对自己的认知能力有信心，又对与他人共同探讨不同想法的能力有信心。你不会觉得自己在此过程中受到了挑战，或者不会觉得自己是与会者中最聪明的。当我们刚开始教孩子学习整合思维时，担心孩子们会误以为根本就没有正确的答案。但情况令我们惊讶，实际上知道自己的看法有可能是错误的让孩子们感到如释重负，因为这意味着其他人的看法也有可能是错误的。劳伦是一个 12 岁的孩子，他解释说：“以前，当老师提问时，我不会举手回答，因为怕答错了。但现在更有信心了，因为我知道答错了并不是一件糟糕的事情。我总能从错误的答案中学到些什么。因为在正确中总是有一些错误之处，在错误中也总是存在一些正确之处。但有时必须深入研究，找到正确的答案。”

个人立场需要理解“对于思考的思考”(thinking about thinking)的价值，不是为了思考而思考，也不是陷在自己的想法中不能自拔，而是为了找出更好的整合方案。

2. 我的工作就是要真正探究相互对立的世界观，以更好地理解和利用对立模式。

探究对立模式的过程是颇具挑战性的，部分原因是，那些持有对立模式的人往往都不是与我们关系很好的人。我们都倾向于喜欢认同自己的人。然而，相互认同的人不如相互不认同的人促进思考的作用大。与我们观点不同的人最有助于我们质疑和改进模式。

为了有效探究对立模式，不必放弃自己的模式。相反，我们要寻求平衡，克里斯·阿吉里斯说：“我有一个值得聆听的观点，但这个观点可能错失了某些东西。”换句话说，我的观点是有价值的，但很可能是不全面的。

探究对立模式会增加生活的复杂度，因为只考虑自己的模式显然要轻松得多。探索其他模式意味着要应对复杂性，意味着不要被复杂性吞没，要利用其他模式，通过运用整合思维过程，超越复杂性，得到简练的新模式。整合思维者不会逃避复杂性，因为他们知道，应对复杂性是为了提出更好的方案而必须要做的工作。

3. 我的工作是耐心寻找答案，解决对立模式之间的冲突，并提出新的解决方案。

成功的整合思维者相信，自己及团队能够提出更好的方案。也许不是马上就能实现，也许不是每次如此，但最终他们能做到。显然，这项工作落在了整合思维者而不是别人身上，解决问题是他们的工作职责。对此，波尔曼是这么说的：

> 你如何应对这些利弊权衡，应对所有这些冲突？实际上，我会聆听不同的思维模型：“你会如何应对这些冲突?”当问题出现时，大多数人都会采取行动，但他们只解决问题的表象，而不会解决问题的本质。大多数首席执行官们会这样应对问题的表象：“投资者是以短期视角来看待公司的吗？那我不得不以短期的角度来运营企业。”他们不会说：“我该如何解决问题的本质？为什么投资者会抱有短期心态?”如果你解决了问题的本质，就真的改变了事态。我真的很愿意耗费精力去推动问题得到实质性的解决。

这种解决问题本质的动机和信心促使人们可能会运用整合思维。

整合思维还需要具有耐心。维多利亚·黑尔是我们早期访谈的一位整合思维者，她反复强调，“我与整合思维朝夕相伴，紧紧围绕在它周围”。[13] 她知道提出整合方案是一项非常有价值的工作，因而不试图马上得出结论。她懂得，欲速则不达。但这并不意味着，她会一直这样思考，而是会很有耐心地进行深度思考，找到通往更好方案的核心洞见。

立场的这 6 个要素可以转变你看待世界的方式，随着时间的推移，也能对你的生活产生巨大而积极的影响。如果你的立场与我们提到的立场有很大的差异，那么也不要为此担心。事实上，实践整合思维不需要现在就具备这些立场，实践过程本身就是逐渐培养立场最有效的方式。甚至你每天发生的一点小小的改变都能成为改变思维模型的强大的催化剂。

贾布里勒的故事

贾布里勒是我的同事诺加·科恩伯格（Nogah Kornberg）和拉希姆·埃萨比（Rahim Essabhai）老师在上整合思维课时教的一个学生，他读 12 年级。他是个非常出色的篮球运动员，但可能不是最引人瞩目的那类学生。在课程结束之后，我问他，是否觉得自己有什么变化。他回答道：

> 以前，我就是只要提出一个想法，得出一个结论，就会固执己见的人。这就好像我被粘在这些想法上了，无法摆脱它们。“那就是我的答案，我会坚持不变。”比如做多选题：你选择了一个答案，然后思考它是错的吗？应该选其他选项吗？而我宁愿坚持自己的选项。这就是我在参加整合思维课程之前的做法。我以前习惯用钢笔写出自己的每一个想法，但上完这个课程后，就改用铅笔了。这种做法逐渐成了习惯……当只是暂时的答案时，我就用铅笔写下来。我只是写下最初浮现在脑海中的想法，然后再次读它，它就会一直浮现在脑海中。我不断地扩展、修改，答案就在此过程中变得越来越清晰，越来越好。

贾布里勒以前使用钢笔，现在使用铅笔写字。在某种程度上，这是一个小小的转变，标志着深刻的变化：每个答案都可以改进，变得越来越好。

这种立场帮助我们提出了新的方案。它激发了我们的元认知、同理心和创造力，帮助我们纠正了自己最顽固的认知偏见，它以不同的方式为我们思考这个世界提供了有效的平台，人们可以利用对立观点之间的冲突来提出新的方案和新的价值。

虽说如此，整合思维并非万能神器，不可能放之四海而皆准。但当你发现传统认知工具不能解决问题时，整合思维就可能作为转变对话、消除人际冲突、让你迈步向前的工具。所以，当面临的选项并不尽如人意时，你就可以运用整合思维法：阐述冲突、审视两种模式、产生解决冲突的各种方案，然后测试这些方案。

这一过程也许不会每次都能为你提供满意的答案，但它肯定有助于你更清晰地思考，增强对他人认知模型的好奇心，并提供创造的空间。毕竟，整合思维的目标不是在平庸的选项之间做出选择，而是要提出更好的方案。

注释

引言　从整合思维到整合决策

1 Roger Martin, *The Opposable Mind: How Successful Leaders Win Through Integrative Thinking* (Boston: Harvard Business School Press, 2007), 6.

2 Amos Tversky and Daniel Kahneman, "Judgment under Uncertainty: Heuristics and Biases," *Science* 185, no. 4157 (1974): 1124 - 1131, and Daniel Kahneman and Amos Tversky, "Prospect Theory: An Analysis of Decision under Risk," *Econometrica* 74, no. 2 (1979): 263 - 291.

3 Richard H. Thaler and Cass R. Sunstein, *Nudge: Improving Decisions About Health, Wealth and Happiness* (New York: Penguin Books, 2008); Dan Ariely, *Predictably Irrational: The Hidden Forces That Shape Our Decisions* (New York: Harper Collins Publishers, 2009); and Daniel Kahneman, *Thinking, Fast and Slow* (New York: Farrar, Straus and Giroux, 2011).

4 Herbert A. Simon, *The Sciences of the Artificial* (Cambridge, MA: MIT Press, 1969).

5 Roger Martin, *The Design of Business: Why Design Thinking Is the Next Competitive Advantage* (Boston: Harvard Business Press, 2009), and Tim Brown, *Change by Design: How Design Thinking Transforms Organizations and Inspires Innovation* (New York: Harper Collins Publishers, 2009).

01　商业决策不是一道选择题

1 Phil Lord and Christopher Miller, *The LEGO Movie* , Blu-Ray Disc, directed by Phil Lord and Christopher Miller (Los Angeles: Warner Bros., 2014)

2 Unless otherwise noted, all quotations from Jørgen Vig Knudstorp are taken from an interview with Jennifer Riel and Roger Martin, June 28, 2016.

3 Jørgen Vig Knudstorp, "LEGO Boss Reads *The Opposable Mind* ," YouTube video, CNN, 2014.

02 糟糕的决定源于思维模型的 5 个特点

1 Kenneth Craik, *The Nature of Explanation* (Cambridge: Cambridge University Press, 1943), 61.

2 Unless otherwise noted, all John Sterman quotations are taken from his lecture, Rotman School of Management, March 23, 2003.

3 Charles A. Lave and James G. March, *An Introduction to Models in the Social Sciences* (Lanham, MD: University Press of America, 1993), 3.

4 Alfred Korzybski, *Science and Sanity: An Introduction to Non-Aristotelian Systems and General Semantics* (Lancaster, PA: The International Non-Aristotelian Library Publishing Company, 1933), 58.

5 Albert H. Hastorf and Hadley Cantril, "They Saw a Game," *Journal of Abnormal Psychology* 29, no. 1 (1954): 129 – 134.

6 Ibid., 130.

7 Ibid., 132.

8 Dan Ariely, *Predictably Irrational: The Hidden Forces That Shape Our Decisions* (New York: Harper Collins, 2009), 157 – 162.

9 Dan Ariely, *Predictably Irrational: The Hidden Forces That Shape Our Decisions* (New York: Harper Collins, 2009), 157 – 162.

10 Randolph E. Shmid, "Facing a Judge? Study Says Go Early or After Lunch," *Globe and Mail* , April 11, 2011.

11 Elizabeth F. Loftus and John C. Palmer, "Reconstruction of Automobile Destruction: An Example of the Interaction between Language and Memory," *Journal of Verbal Learning and Verbal Behavior* 13 (1974): 585 – 589.

12 Richard Ronay and Bill von Hippel, "The Presence of an Attractive Woman Elevates Testosterone and Physical Risk Taking in Young Men," *Social Psychology and Personality Science* 1 (2010): 57 – 64.

13 Brendan Nyhan and Jason Reifler, "When Corrections Fail: The Persistence of Political Misperceptions," *Political Behavior* 32, no. 2 (June 2010): 303 – 330.

14 Quoted in Fred Attewill, "World's Cheapest Car Upsets Environmentalist," Guardian, January 10, 2008, https://www.theguardian.com/world/2008/jan/10/india.climatechange.

15 John D. Sterman, "All Models Are Wrong: Reflections on Becoming a Systems Scientist," *Systems Dynamics Review* 18, no. 4 (Winter 2002): 501 - 531.
16 Fisher Black and Myron Scholes, "The Pricing of Options and Corporate Liabilities," *Journal of Political Economy* 81, no. 3 (May - June 1973): 637 - 654.
17 Warren Buffett, "Letter to Shareholders of Berkshire Hathaway," January 27, 2009, http://www.berkshirehathaway.com/letters/2008ltr.pdf.
18 Fischer Black, "Living Up to the Model." *Risk* 3, no. 3 (1990): 11 - 13.
19 Lave and March, *Introduction to Models in the Social Sciences* , 3. 29 Peter Drucker, *The Effective Executive* (New York: HarperCollins, 2006), 148.
20 Ibid., 148.

03 优秀的决策过程必须遵循的 3 个原则

1 Lewis Ayres, *Augustine and the Trinity* (Cambridge: Cambridge University Press, 2010), 298.
2 Chris Argyris, *Overcoming Organizational Defenses* (Boston: Allyn and Bacon, 1990), 88.
3 Quoted as part of an interview for The Learning Exchange, Innovations in Thinking and Learning online resource, http://thelearningex change.ca/ itl-project-home/ itl-project-reflections/itl-project-k-5/itl-project-beth-grosso/.
4 Giacomo Rizzolatti et al., "Premotor Cortex and the Recognition of Motor Actions," *Cognitive Brain Science* 3, no. 2 (1996): 131 - 141.
5 Susan Krauss Witbourne, "How Reading Can Change You in a Major Way," *Psychology Today Blog* , January 6, 2015, https://www. psychologytoday.com/ blog/ fulfillment-any-age/201501/ how-readingcan-change-you-in-major-way.
6 Twyla Tharp, *The Creative Habit* (New York: Simon and Schuster, 2003), 7.
7 Tim Brown, "Tales of Creativity and Play," TED video, May 2008, https:// www.ted.com/talks/tim_brown_on_creativity_and_play? language=en.
8 David Kelley and Tom Kelley, *Creative Confidence* (New York: Crown Business, 2013), 9 - 10.
9 Belle Beth Cooper, "The Secret to Creativity, Intelligence and Scientific Thinking," *Fast Company Blog*, June 18, 2014, http://www.fastcompany. com/3031994/ the-future-of-work/the-secretto-creativity-intelligence-and-scientific-thinking.

04 整合决策的 4 个阶段

1 Jay Z, *Decoded* (New York: Speigel & Grau, 2011), 104 - 105.
2 Peter Drucker, "The Effective Decision," *Harvard Business Review* (January 1967), https://hbr.org/1967/01/the-effective-decision.

05 第 1 阶段，呈现对立模式，让问题变成两难困境

1 Cynthia G. Whitney et al., "Benefits from Immunization During the Vaccines for Children Program Era: United States, 1994 - 2013," *Morbidity and Mortality Weekly Report* 63 (2014): 352 - 355, https://www.cdc.gov/mmwr/preview/mmwrhtml/mm6316a4.htm.
2 Andrew J. Wakefield et al., " Ileal-Lymphoid-Nodular Hyperplasia, Non-specific Colitis, and Pervasive Developmental Disorder in Children," *Lancet* 351, no. 9103 (February 1998): 637 - 641. (Retracted)
3 Laurie D. Elam-Evans et al., "National, State, and Selected Local Area Vaccination Coverage Among Children Aged 19 - 35 Months: United States, 2013," *Morbidity and Mortality Weekly Report* 63 (2014): 741 - 748, https://www.cdc.gov/mmwr/preview/mmwrhtml/mm6334a1.htm.
4 Erin Allday, "Vaccine Avoiders Put California at Risk," *San Francisco Chronicle*, February 7, 2015, http://www.sfchronicle.com/health/article/Vaccine-avoiders-procrastinators-put-California-6068858.php.
5 Bill Kaufmann, "Alberta Not Immune to Raging Debate over Vaccinations for Infectious Diseases," *Calgary Sun* , February 7, 2015, http://www.calgarysun.com/2015/02/07/ alberta-not-immune-to-ragingdebate-over-vaccinations-for-infectious-diseases.
6 Jonathan Haidt, "Two Stories About Capitalism, Which Explain Why Economists Don't Reach Agreement," *Righteous Mind Blog* , January 1, 2013, http://righteousmind.com/why-economists-dont-agree/.
7 Michael L. McDonald and James D. Westphal, "Getting By with the Advice of Their Friends: CEOs' Advice Networks and Firms' Strategic Responses to Poor Performance," *Administrative Science Quarterly* 48 (2003): 1 - 32.
8 Charlan Nemeth, "The Differential Contributions of Majority and Minority Influence," *Psychological Review* 93 (1985): 23 - 32.
9 Adam Grant, *Originals: How Non-Conformists Move the World* (New York:

Viking, 2016), 185.

10 John Dewey, *Logic: Theory of Inquiry* (New York: Holt, Rinehart and Winston, 1938), 108.

11 Warren Berger, "The Secret Phrase Top Innovators Use," HBR.org, September 17, 2012, https://hbr.org/2012/09/the-secret-phrase-topinnovato.

06 第 2 阶段，审视对立模式，发掘每种模式的优点

1 Peter Sciretta, "What Is the Longest Theatrical Run in the History of Cinema?" August 12, 2008, http://www.slashfi lm. com/ what- is- the- longest- theatrical-run-in-the-history-of-cinema/.

2 "Transforming the Way People See the World, Through Film," http://tiff.net/explore/history.

3 Unless otherwise noted, all quotations from Piers Handling are from an interview with Roger Martin, March 2002, at the Rotman School.

4 Unless otherwise noted, all quotations from Piers Handling are from an interview with Roger Martin, March 2002, at the Rotman School.

5 Peter M. Senge, *The Fifth Discipline: The Art and Practice of the Learning Organization* (New York: Currency Doubleday, 2006), 71.

6 "Film Festivals: Which Is Top Dog?" *Guardian* , April 19, 2012, https://www.theguardian.com/film/2012/apr/19/ film-festivals-which-is-top-dog.

07 第 3 阶段，探究各种可能性，解决现有模式之间的冲突

1 John C. Bogle, "Saving a Company, Building a Colossus, Preserving a Culture: Reflections on the History of Vanguard," speech given June 23, 2016, edited and expanded, July 9, 2016.

2 Stoyan Bojinov, "Illustrated History of Every S&P Bear Market," *Trader HQ Blog*, April 5, 2014, http://traderhq.com/illustrated-history-every-s-p-500-bear-market/.

3 Unless otherwise indicated, all Jack Bogle quotes are from an interview with Jennifer Riel and Roger Martin on July 19, 2016.

4 Roger Martin, *Fixing the Game: Bubbles, Crashes and What Capitalism Can Learn from the NFL* (Boston: Harvard Business Review Press, 2011).

5 This quote from Bogle's senior thesis was provided by Bogle in an email communication to Jennifer Riel on January 31, 2017.

6 Unless otherwise indicated, all Bruce Kuwabara quotations are from an interview with Jennifer Riel, September 14, 2016.

7 "About Winnipeg," https://www.tourismwinnipeg.com/plan/about-winnipeg.

8 Christopher Hume, "Canada's Most Important Building," *Toronto Star* , December 19, 2009, https://www.thestar.com/news/insight/2009/12/19/hume_canadas_most_important_building.html.

08 第 4 阶段，评估初始方案，找出更好的解决方案

1 Richard Shim et al., "Apple's iPod Spurs Mixed Reactions," *CNET* , October 19, 2006, https://www.cnet.com/news/apples-ipod-spurs-mixed-reactions/.

2 Yoni Heilser, "Read These Hilariously Negative Reactions to the Original iPhone Announcement," *BGR* , April 7, 2015, http://bgr.com/2015/04/07/original-iphone-reaction-comments/.

3 A.G.Lafley and Roger Martin, *Playing to Win*: *How Strategy Really Wooks* (Boston: Harvard Business Review Press, 2013).

4 Bronwyn Fryer, "Storytelling That Moves People." *Harvard Business Review* (June 2013), 51 - 55.

5 Dan Roam, *The Back of the Napkin: Solving Problems and Selling Ideas with Pictures* (New York: Portfolio, 2008), 4.

6 The visual alphabet is typically credited to Dave Gray, an author and consultant focused on visual thinking.

7 Eric Ries, *The Lean Startup* (New York: Crown Business, 2011), 93.

8 Ed Catmull, *Creativity Inc.: Overcoming the Unseen Forces That Stand in the Way of True Inspiration* (Toronto: Random House Canada, 2014), 90.

结语 整合决策的价值

1 "The Wirral's Model Village, Port Sunlight, Merseyside," *Guardian Walking Guides,* June 9, 2009, https://www.theguardian.com/travel/2009/jun/09/walk-guides-port-merseyside.

2 Standish Meacham, *Regaining Paradise: Englishness and the Early Garden*

City Movement (New Haven: Yale University Press, 1999), 34.

3 Standish Meacham, *Regaining Paradise: Englishness and the Early Garden City Movement* (New Haven: Yale University Press, 1999), 34.

4 "About Our Strategy," https://www.unilever.com/sustainable-living/the-sustainable- living- plan/our-strategy/about-our-strategy/.

5 Jason Zweig, "Why Hair- Trigger Traders Lose the Race," *Wall Street Journal* , April 10, 2015, https://blogs.wsj.com/moneybeat/2015/04/10/ why- hair-trigger-stock-traders-lose-the-race/.

6 Kamal Ahmed, "Davos 2011: Unilever's Paul Polman Believes We Need to Think Long Term," *Telegraph* , January 15, 2011, http://www.telegraph. co.uk/finance/financetopics/davos/8261178/Davos- 2011-Unilevers-Paul-Polman-believes-we-need-to-think-long-term.html.

7 Roger Martin, *The Opposable Mind: How Successful Leaders Win Through Integrative Thinking* (Boston: Harvard Business School Press, 2007), 93.

8 Hilary Austen Johnson, "Artistry for the Strategist," Journal of Business Strategy 28, no. 4 (2007): 18.

9 Carol Dweck, *Mindset: The New Psychology of Success* (New York: Ballantine Books, 2006), 6.

10 Ibid., 23.

11 Chris Argyris, "Teaching Smart People How to Learn," *Harvard Business Review* (May-June 1999): 99 – 109.

12 Robert Burton, *On Being Certain: Believing You Are Right, Even When You Are Not* (New York: St. Martin's Press, 2008), xiii.

13 Victoria Hale, interview with Roger Martin, December 15, 2006.

未来，属于终身学习者

我这辈子遇到的聪明人（来自各行各业的聪明人）没有不每天阅读的——没有，一个都没有。巴菲特读书之多，我读书之多，可能会让你感到吃惊。孩子们都笑话我。他们觉得我是一本长了两条腿的书。

——查理·芒格

互联网改变了信息连接的方式；指数型技术在迅速颠覆着现有的商业世界；人工智能已经开始抢占人类的工作岗位……

未来，到底需要什么样的人才？

改变命运唯一的策略是你要变成终身学习者。未来世界将不再需要单一的技能型人才，而是需要具备完善的知识结构、极强逻辑思考力和高感知力的复合型人才。优秀的人往往通过阅读建立足够强大的抽象思维能力，获得异于众人的思考和整合能力。未来，将属于终身学习者！而阅读必定和终身学习形影不离。

很多人读书，追求的是干货，寻求的是立刻行之有效的解决方案。其实这是一种留在舒适区的阅读方法。在这个充满不确定性的年代，答案不会简单地出现在书里，因为生活根本就没有标准确切的答案，你也不能期望过去的经验能解决未来的问题。

湛庐阅读App：与最聪明的人共同进化

有人常常把成本支出的焦点放在书价上，把读完一本书当作阅读的终结。其实不然。

时间是读者付出的最大阅读成本
怎么读是读者面临的最大阅读障碍
“读书破万卷”不仅仅在“万”，更重要的是在“破”！

现在，我们构建了全新的“湛庐阅读”App。它将成为你“破万卷”的新居所。在这里：

- 不用考虑读什么，你可以便捷找到纸书、有声书和各种声音产品；
- 你可以学会怎么读，你将发现集泛读、通读、精读于一体的阅读解决方案；
- 你会与作者、译者、专家、推荐人和阅读教练相遇，他们是优质思想的发源地；
- 你会与优秀的读者和终身学习者为伍，他们对阅读和学习有着持久的热情和源源不绝的内驱力。

从单一到复合，从知道到精通，从理解到创造，湛庐希望建立一个“与最聪明的人共同进化”的社区，成为人类先进思想交汇的聚集地，与你共同迎接未来。

与此同时，我们希望能够重新定义你的学习场景，让你随时随地收获有内容、有价值的思想，通过阅读实现终身学习。这是我们的使命和价值。

湛庐阅读App玩转指南

湛庐阅读App结构图:

三步玩转湛庐阅读App:

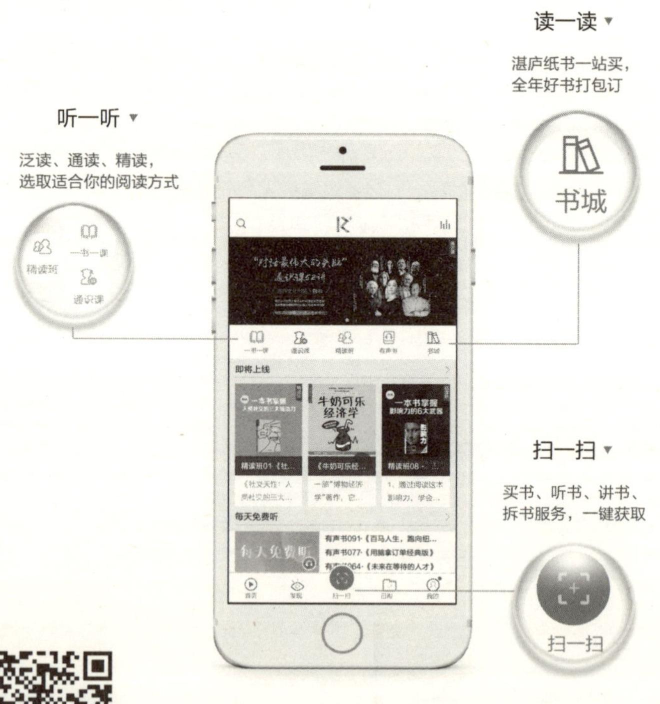

App获取方式：

安卓用户前往各大应用市场、苹果用户前往App Store直接下载“湛庐阅读”App，与最聪明的人共同进化！

浙江省版权局
著作权合同登记章
图字：11-2019-182 号

图书在版编目（CIP）数据

整合决策 /（加）詹妮弗·里尔，罗杰·L. 马丁著；王培译 . —杭州：浙江人民出版社，2020.1（2021.12 重印）

书名原文：Creating Great Choices: A Leader's Guide to Integrative Thinking

ISBN 978-7-213-09544-3

Ⅰ. ①整… Ⅱ. ①詹… ②罗… ③王… Ⅲ. ①企业领导学－研究 Ⅳ. ① F272.91

中国版本图书馆 CIP 数据核字 (2019) 第 271113 号

上架指导：商业新思维

整合决策

[加] 詹妮弗·里尔　罗杰·L. 马丁　著
王培　译

出版发行：浙江人民出版社（杭州体育场路 347 号　邮编　310006）
市场部电话：（0571）85061682　85176516
集团网址：浙江出版联合集团　http://www.zjcb.com
责任编辑：朱丽芳
责任校对：戴文英
印　　刷：天津中印联印务有限公司
开　　本：880mm × 1230mm　1/32　　　印　　张：9
字　　数：150 千字
版　　次：2020 年 1 月第 1 版　　　印　　次：2021 年 12 月第 3 次印刷
书　　号：ISBN 978-7-213-09544-3
定　　价：69.90 元

如发现印装质量问题，影响阅读，请与市场部联系调换。